Kauderwelsch
Band 250

Impressum

Lieven L. Litaer
Klingonisch – Wort für Wort
erschienen im Reise Know-How Verlag Peter Rump GmbH
Osnabrücker Str. 79, D-33649 Bielefeld
info@reise-know-how.de

1. Auflage 2019

Bearbeitung & Layout Christine Schönfeld
Layout-Konzept Günter Pawlak, FaktorZwo! Bielefeld
Umschlag Patrick Haase (Foto: sdecoret, stock.adobe.com)
Fotos Lieven L. Litaer,
catherinelprod, stock.adobe.com (S. 49),
Yuriy Mazur, stock.adobe.com (S. 68)
sdecoret, stock.adobe.com (S. 79)
Gesamtherstellung Himmer GmbH Druckerei & Verlag, Augsburg

ISBN: 978-3-8317-6555-3
Printed in Germany

Wer im Buchhandel kein Glück hat, bekommt unsere Bücher auch direkt über unseren Internet-Shop:
www.reise-know-how.de

Die Internetseiten mit Aussprachebeispielen und der Zugriff auf diese über QR-Codes sind eine freiwillige, kostenlose Zusatzleistung des Verlages. Der Verlag behält sich vor, die Bereitstellung des Angebotes und die Möglichkeit der Nutzung zeitlich und inhaltlich zu beschränken. Der Verlag übernimmt keine Garantie für das Funktionieren der Seiten und keine Haftung für Schäden, die aus dem Gebrauch der Seiten resultieren. Es besteht ferner kein Anspruch auf eine unbefristete Bereitstellung der Seiten.

Der Verlag möchte die **Reihe Kauderwelsch** weiter ausbauen und **sucht Autoren!** Mehr Informationen finden Sie unter ***www.reise-know-how.de/de/verlag/mitarbeit***

Kauderwelsch

Lieven L. Litaer

Klingonisch

Wort für Wort

Kauderwelsch heißt:

- Schnell mit dem **Sprechen** beginnen, auch wenn nicht immer alles korrekt ist.
- Von der **Grammatik** wird nur das Wichtigste in einfachen Worten erklärt.
- Alle Beispielsätze werden doppelt ins Deutsche übertragen: erst **Wort-für-Wort,** dann in normales Deutsch. Die Wort-für-Wort-Übersetzung hilft, die neue Sprache schneller zu durchschauen, außerdem lassen sich dadurch leichter einzelne Wörter im fremdsprachigen Satz austauschen.
- Es geht um die **Alltagssprache,** also das, was man tatsächlich auf der Straße hört.
- Die **Autoren** sind entweder Reisende, die die Sprache im Land selbst gelernt haben oder Muttersprachler.

Kauderwelsch-Sprachführer sind keine Lehrbücher, aber viel mehr als traditionelle Reisesprachführer. Wer ein wenig Zeit investiert, einige Vokabeln lernt und die Sprache im Land anwendet, wird **Türen öffnen,** ein Lächeln ins Gesicht zaubern und reichere Erfahrungen machen.

Kauderwelsch zum Anhören

Einzelne Sätze und Ausdrücke aus diesem Buch können Sie sich **kostenlos anhören.** Diese **Aussprachebeispiele** erreichen Sie über die im Buch abgedruckten QR-Codes oder diese Adresse: www.reise-know-how.de/kauderwelsch/250. Die Aussprachebeispiele im Buch sind Auszüge aus dem umfassenden Tonmaterial, das unter dem Titel **„Kauderwelsch Aussprachetrainer Klingonisch“** separat erhältlich ist: als Download über Onlinehörbuchshops (ISBN 978-3-95852-196-4) oder auch über unsere Internetseite:

- **www.reise-know-how.de**

Bitte beachten Sie, dass die Aussprachebeispiele und der AusspracheTrainer voraussichtlich erst ab September 2019 zur Verfügung stehen.

Inhalt

Inhalt

Konversation

Anhang

Der Autor mit Marc Okrand

Vorwort

Durch den erneuten Erfolg von „Star Trek“ in den vergangenen Jahren – sowohl im Kino als auch mit der neuen Serie *Star Trek: Discovery* – hat die klingonische Sprache ebenfalls wieder eine große Welle der Begeisterung und allgemeinen Interesses erfahren.

Bekannt ist diese künstliche Sprache jedoch schon seit viel längerer Zeit, da sie bereits im allerersten Kinofilm der Reihe zu hören war, der 1979 in die Kinos kam. Wenige Jahre später erschien das offizielle Wörterbuch, das den kompletten Aufbau der klingonischen Sprache beschreibt und eine gute Grundlage an Vokabeln bereitstellt. Dann nahm alles seinen Lauf und die Sprache verselbstständigte sich. Es begann 1999 mit der klingonischen Übersetzung von Shakespeares „Hamlet“ und hat mit der Übersetzung von „Der kleine Prinz“ im Jahr 2018 sicher noch lange kein Ende gefunden.

Die klingonische Sprache ist inzwischen an unzähligen Stellen zu finden, von T-Shirts, Kaffeetassen und Werbe-Aktionen bis hin zu Kinofilmen und Fernsehserien, die die Sprache immer wieder aufgreifen.

Dieses Werk ist nicht als grammatikalisch vollständig zu betrachten, sondern soll den Leser darauf vorbereiten, sich im Kontakt mit anderen Klingonisch-Interessierten einfach und unkompliziert auszutauschen. Für ein vollständiges Studium der klingonischen Sprache wird *„Das offizielle Wörterbuch Klingonisch – Deutsch"* sowie das Übungsbuch *„Klingonisch für Einsteiger"* empfohlen. Dazu mehr in der Literaturliste.

Der Kanon des Klingonischen

Es ist unter Klingonisten weltweit als ungeschriebenes Gesetz akzeptiert, dass nur die Aussagen des Klingonisch-Autoren Marc Okrand als Kanon der Sprache akzeptiert werden. Das Wort „Kanon" steht hier für eine Regel, ein Gesetz, das die Funktion des Gesamten beschreibt. Das Wort Kanon taucht immer wieder auf, wenn es um die Frage geht, ob etwas nun wirkliches, richtiges Klingonisch ist oder ob es jemand frei erfunden hat.

In diesem Buch werden wir diese Regel ein wenig biegen, aber niemals brechen. Es würde den Nutzen dieses Sprachführers zu sehr einschränken, wenn in jeder dritten Zeile stehen müsste, dass dafür kein kanonisches Wort existiert. Stattdessen bietet dieses Werk viele alternative Möglichkeiten an, das, was man sagen möchte, auszudrücken. Es ist sicherlich möglich, dass es irgendwann mal eine kanonische Variante geben könnte, die komplett anders klingt, aber darauf möchten wir nun nicht warten.

Wer sein Wissen vertiefen möchte, hat dann immer noch die Möglichkeit, sich mit dem detaillierten Kanon der Sprache auseinanderzusetzen.

Hinweise zur Benutzung

Der Kauderwelsch-Band „Klingonisch“ ist in drei wichtige Abschnitte gegliedert:

Grammatik

Die **Grammatik** beschränkt sich auf das Wesentliche und ist so einfach gehalten wie möglich. Deshalb sind auch nicht sämtliche Ausnahmen und Unregelmäßigkeiten der Sprache erklärt. Wer nach der Lektüre gerne noch weiter in die Grammatik einsteigen möchte, findet im Anhang einige Tipps zum Weiterlernen. Natürlich kann man die Grammatik auch überspringen und sofort mit dem Konversationsteil beginnen. Wenn dann Fragen auftauchen, kann man immer noch in der Grammatik nachsehen.

Konversation

Konversation: In diesem Teil finden Sie Sätze aus dem Alltagsgespräch, die Ihnen einen ersten Eindruck davon vermitteln sollen, wie Klingonisch „funktioniert” und die Sie auf das vorbereiten sollen, was Sie später im Gespräch mit anderen Klingonisch-Sprechern hören werden.

Wort-für-Wort-Übersetzung

Jede Sprache hat ein typisches Satzbaumuster. Um die sich vom Deutschen unterscheidende Wortfolge der Sätze auf Klingonisch zu verstehen, ist die **Wort-für-Wort-Übersetzung** in *kursiver* Schrift gedacht. Jedem klingonischen Wort entspricht ein Wort in der Wort-für-Wort-Übersetzung. Hierbei werden einige Sonderzeichen verwendet, da klingonische Wörter zum einen aus mehreren Silben bestehen, die im Deutschen jeweils mit einem eigenen Wort übersetzt werden, und manchmal sogar mit mehreren.

Die Silben werden in der WfW-Darstellung mit einem Bindestrich getrennt: **jI-yaj** *ich-verstehen*

Verben, deren Übersetzung aus mehreren Wörtern besteht, werden mit Gleichheitszeichen verbunden dargestellt: **tIn** *groß=sein*, **wuQ** *Kopfschmerzen=haben*.

Vorsilben, die bei Verben gleichzeitig das Objekt und das Subjekt bestimmen, werden mit einem Doppelpunkt gekennzeichnet: **vI-yaj** *ich:es-verstehen*.

Grammatikalische Elemente, die man nicht als Wort übersetzen kann, wie Befehlsformen oder Fragepartikel, werden in eckige Klammern gesetzt: **yI-laD** *du[BEFEHL]-lesen*.

Mit Hilfe der Wort-für-Wort-Übersetzung können Sie bald eigene Sätze bilden. Sie können die Beispielsätze als Fundus von Satzschablonen und -mustern benutzen, die Sie selbst Ihren Bedürfnissen anpassen. Mit einem kleinen bisschen Kreativität und Mut können Sie sich neue Sätze „zusammenbauen", auch wenn das Ergebnis nicht immer grammatikalisch perfekt ausfällt.

Wörterlisten

Die Wörterlisten am Ende des Buches helfen Ihnen dabei. Sie enthalten einen Grundwortschatz von je ca. 800 Wörtern, mit denen man schon eine ganze Menge anfangen kann.

Umschlagklappe

Die Umschlagklappe hilft, die wichtigsten Sätze und Formulierungen stets parat zu haben. Aufgeklappt ist der Umschlag eine wesentliche Erleichterung, da nun die gewünschte Satzkonstruktion mit dem entsprechenden Vokabular aus den einzelnen Kapiteln kombiniert werden kann.

Über die Sprache

Die ersten Wortfetzen, die man 1979 im ersten Kinofilm zu hören bekam, konnte man sicherlich noch nicht als vollständige Sprache bezeichnen. Diese sechs Phrasen, die man über fünfzehn Minuten verteilt hören konnte, wurden damals vom Filmproduzenten Jon Povill und dem Schauspieler James Doohan erfunden, welcher Jahre später immer wieder gern betonte, dass er der wahre Erfinder der klingonischen Sprache sei. Aus Respekt ihm gegenüber wird der Autor des offiziellen Wörterbuchs, Marc Okrand, häufig als „Entwickler" der Sprache bezeichnet, obwohl sein Beitrag zur Sprache bedeutend größer ist. Auf der Grundlage jener elf Silben, die im ersten Film zu hören waren, entwickelt Okrand die komplette Sprache, bestehend aus einer vollständigen Grammatik und einem Wortschatz von inzwischen über viertausend Begriffen.

Heute ist Klingonisch offiziell als Sprache anerkannt, in der DIN- bzw. ISO-Norm eingetragen und laut Guinness-Buch der Rekorde die am meisten gesprochene Sprache ihrer Art. Hierbei sind Sprachen gemeint, die für einen Kinofilm entwickelt wurden. Tolkiens Elbisch ist zum Beispiel viel älter, auch weitbekannt und ebenfalls in der Norm als Sprache eingetragen, jedoch wird Elbisch nicht so viel verwendet wie Klingonisch. Auf der anderen Seite wird Esperanto von viel mehr Menschen gesprochen als

Klingonisch, da es sehr einfach zu lernen ist, fällt aber nicht in diese vom Guinness-Buch der Rekorde erwähnte Kategorie, da es nicht für einen Film entwickelt wurde.

Die Schätzungen über die Anzahl der Sprecher für Klingonisch schwanken sehr stark, da es schwer zu definieren ist, ab wann jemand als wahrer Sprecher gilt. Generell wird immer behauptet, es gebe etwa 20 bis 30 Personen weltweit, die fließend Klingonisch beherrschen. Hier kommen aber sicherlich tausende oder noch mehr hinzu, die sich mit den Grundlagen der Sprache auskennen, und nochmals viele tausende, die sich mit der Sprache befassen. Dies belegen die Zahlen der Mitglieder in Onlineforen der sozialen Medien, als auch der Lernkurs von Duolingo, der nach eigenen Angaben über 490.000 aktive Klingonisch-Schüler betreut.

Wie vollständig und brauchbar die Sprache tatsächlich ist, sieht man zum Beispiel an der klingonischen Untertitelung der kompletten ersten Staffel von *Star Trek: Discovery* und der 2018 erschienenen Übersetzung von Werken aus der Weltliteratur wie *Der kleine Prinz*.

Das klingonische Alphabet

Tatsächlich existiert ein Satz von Zeichen, mit denen man die klingonische Sprache gut darstellen kann. Dieses Alphabet wurde vor vielen Jahren durch das Klingonisch-Institut entwickelt und gilt daher nicht als Kanon, denn es wurde nie in Film oder Fernsehen dargestellt oder sonstwo erklärt. Dennoch ist es sehr stark verbreitet, da es seit vielen Jahren in diversen Produkten immer wieder verwendet wurde und dadurch zu einem Standard geworden ist. Letztendlich tauchten diese Zeichen sogar in *Star Trek: Discovery* auf, wodurch sie dann doch noch zu einer offiziellen Schrift wurden. Dieses Alphabet ist im Grunde jedoch nichts Besonderes: Die Buchstaben werden von links nach rechts geschrieben und jeder Buchstabe entspricht einem Laut. Es gibt auch keine Unterscheidung zwischen Groß- und Kleinschreibung.

Der Leser dieses Buches wird vielleicht darüber enttäuscht sein, in diesem Buch keine klingonischen Buchstaben zu finden. Dies hat zweierlei Gründe: Zum Einen waren die oben genannten Zeichen sehr lange nicht offiziell anerkannt und wurden trotz ihrer einmaligen Verwendung in *Discovery* nie in einem Buch oder einer anderen Quelle erklärt, abgesehen natürlich von der Internetpräsenz des KLI. Zum Zweiten ist es vor allem für Einsteiger der Sprache eher ablenkend, sich die Schriftzeichen anzugewöhnen. Dieses Buch ist speziell für Erdlinge verfasst, die sich mit Klingonisch nicht auskennen und schnell und einfach einen Satz ablesen möchten. Daher ist eine vertraute Schrift sicherlich einfacher. Der Vollständigkeit halber und für diejenigen, die sich die Buchstaben einprägen möchten, hier eine Übersicht:

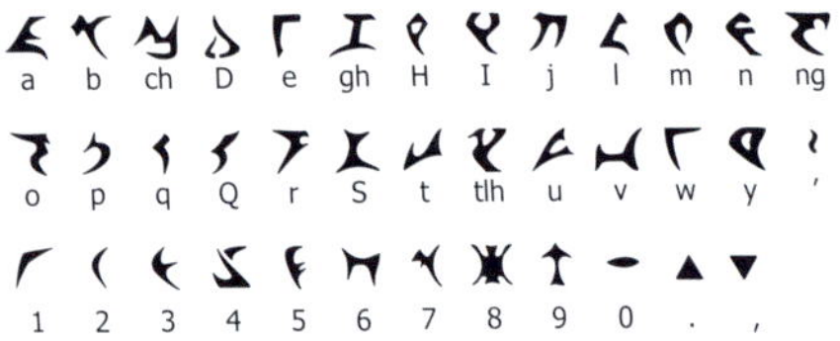

Der Apostroph

Der Apostroph ist nicht zu unterschätzen. Er gehört im Klingonischen zum Alphabet wie jeder andere Buchstabe auch und wird gesprochen als Stimmabsatz (glottal stop) wie in „be'enden".

Im Gegensatz zum Französischen oder Englischen ist der Apostroph kein Zeichen für den Wegfall eines anderen Buchstaben, sondern gilt als eigenständiger Konsonant. Das ist auch bei der Sortierung von Wörtern zu beachten: Keine klingonische Silbe beginnt mit einem Vokal, daher sind alle Wörter, die anscheinend mit einem Vokal beginnen, beim Apostroph (ganz am Ende des Alphabets) einsortiert.

Aussprache und Betonung

Die in diesem Büchlein verwendete Lautschrift entspricht jener Lautschrift, die von dem Linguisten Marc Okrand in seinem ersten Werk über die klingonische Sprache verwendet wurde. Etwas vereinfacht kann man sagen, dass alle Buchstaben, die klein geschrieben werden, genauso wie im Deutschen ausgesprochen werden, und jene, die groß geschrieben werden, komplett anders klingen.

Im klingonischen Alphabet gibt es einige Buchstaben, die im Deutschen keine Entsprechung haben. In der nachfolgenden Liste werden diese Laute in zusätzlichen Wörtern angezeigt, die man sich laut vorlesen lassen kann, oder man fragt sein Gegenüber:

chay' mu'-vam vI-laD-nIS?
wie Wort-dies ich:es-lesen-muss
Wie muss ich dieses Wort lesen?

nuq 'oH Doch-vam-'e'?
was es Ding-dieses-das
Was ist das?

Die folgenden Buchstaben werden fast genau wie im Deutschen gesprochen und bedürfen daher keiner weiteren Erklärung. Über die Länge der Vokale ist nichts bekannt.

a b e l m n ng o p t u y

Die folgenden Buchstaben klingen abweichend von unserer bekannten Sprache und werden daher, quasi als Warnung, groß geschrieben, auch im Wortinneren:

D H I j q Q r S v w '

Besondere Laute

Einige der klingonischen Laute lassen sich einfach nicht mit deutschen Buchstaben darstellen, daher werden diese als Kombination von mehreren Buchstaben geschrieben:

ch gh ng tlh

Diese Kombinationen werden als **ein** Buchstabe gewertet, daher sollte man nicht verwirrt sein, wenn im Kreuzworträtsel das Wort **tlhIngan** für 5 Buchstaben gewertet wird. Es ist auch beim alphabetischen Sortieren zu beachten, weil dadurch ein Wort wie **nob** vor dem Wort **ngab** steht.

a	ein „a" wie in „Kater" oder „Bar"	**lam** Dreck
b	wie deutsches „b" (auch am Wortende stimmhaft)	**beb** Dach
ch	wie „tsch" in „Tschüß!"	**cha'** zwei
D	ähnlich dem deutschen „d", aber die Zunge berührt den Gaumen sehr weit hinten, fast am Zäpfchen (auch am Wortende stimmhaft)	**Deb** Wüste
e	wie „ä" in „hätte", „Mäntel", „Bett"	**bej** beobachten
gh	Zäpfchen- „r" wie im Deutschen, beinahe wie **H,** aber stimmhaft	
H	wie in „Ach!" mit einem starken Kratzen	**HuH** Schleim
I	kurzes „i" wie in Mitte oder „Schiff" (ähnlich dem „e" in „See", aber kurz)	**'Iv** wer?
j	wie in „Job" oder „Gin", nie wie in „Journal"	**jaj** Tag
l	wie deutsches „l" in „laufen" oder „voll"	**bal** Flasche
m	wie deutsches „m" in „Mutter"	**qam** Fuß
n	wie deutsches „n" in „Sonne"	**nob** geben
ng	wie „in „Dinge", nie wie in „Tango" („g" wird nicht mitgesprochen)	**peng** Torpedo
o	geschlossenes „o" wie in „Dose" (das Wort **not** klingt wie das deutsche „Not", aber nie wie das englische „not")	**not** niemals
p	stark behauchtes „p" wie in „Puppe"	
q	Ähnlich wie deutsches „k", aber weiter hinten im Hals. Die Zunge sollte dabei das Zäpfchen berühren und die Kehle verschließen. Der Laut sollte von einem Luftstoß begleitet sein.	**qa'** Geist
Q	eine stärkere Variante von **q,** sehr stark und rauh wie bei **H**	**QaQ** gut

r	ein mit der Zungenspitze gerolltes „r“, weich gesprochen	**ror** fett
S	irgendwo zwischen engl. „**sh**oe“ und deutsch „**Sch**uh“	
t	wie „t“ in „**T**orf“, leicht behaucht	**tut** Säule
tlh	Um diesen Laut zu üben, spricht man erst ein „t“, lässt jedoch die Zunge in der Position stehen und versucht direkt hinterher ein „l“ zu sprechen und dabei auszuatmen. Das Ergebnis sollte stimmlos sein, und man sollte fühlen können, wie auf beiden Seiten der Zunge die Luft schnell entweicht. Üben kann man das mit Wörtern wie „Be**ttl**aken“, „Lö**tl**ampe“ und „Bla**ttl**aus“!	**batlh** Ehre
u	wie „u“ in „K**u**h“	**qut** Kristall
v	etwa wie deutsches „w“ (Oberzähne auf der Unterlippe)	**vav** Vater
w	sehr kurzes „u“ (wie engl. „w“)	**qaw** erinnern
y	wie „j“ in „**j**etzt“	**yem** sündigen
'	wie die kurze Pause in „B**e’a**mter“; (am Wortende manchmal von einem leichten Echo gefolgt)	**Do'ol** Sand
aw	wie deutsches „au“ in „schl**au**“ oder „bl**au**“	**taw** Straße
ay	wie deutsches „ei“ in „**Ei**“ oder „M**ai**“	**may** gerecht
ew	klingonisches **e** gefolgt von **u** (so wie Deutsch „ä“ + „u“ nacheinander)	**Hew** Statue
ey	wie in „h**ey**!“ oder in engl. „s**ay**“	**Sey** aufgeregt
oy	deutsches „eu“ wie in „n**eu**“ oder „tr**eu**“	**loy** raten
uy	deutsches „ui“ wie in „pf**ui**“	**Suy** Händler
Iw	klingonisches **I** gefolgt von **u** (so wie Deutsch „e“ + „u“ nacheinander)	**'Iw** Blut
Iy	langes „i“ wie in „w**ie**“	**mIy** angeben

Betonung

Es gibt zwar viele abweichende Beispiele, aber die Regeln der Betonung sind relativ einfach zu merken.

Bei Verben ist es meist das Verb selbst, das betont wird, unabhängig von der Zahl der Vor- oder Nachsilben. Zusätzlich werden Silben betont, die mit einem Apostroph enden, und jene Silben, die eine besondere Bedeutung im Wort haben. Die Fragepartikel wird ebenfalls stark betont. Vorsilben werden in der Regel nicht betont.

Bei Hauptwörtern ist die betonte Silbe entweder die letzte, falls es mehrere gibt, oder jene Silbe, die auf einen Apostroph endet. Einige Beispiele, die betonte Silbe ist jeweils unterstrichen:

puqloD	Sohn
Ha'DIbaH	Tier
'obray'wal	Skorpion

In diesem Buch wird die Betonung nicht gesondert gekennzeichnet, da sie selten Probleme verursacht.

Eine wichtige Rolle spielt beim Klingonischen sicherlich auch die Form, wie man beim Sprechen auftritt. Es ist bekannt und richtig, dass man Klingonisch mit Deutlichkeit und Nachdruck sprechen sollte, vor allem alleine schon, damit man die schwierigen Laute richtig ausspricht. Mit Ehre und Kraft zu sprechen, bedeutet aber keineswegs, dass man dabei wie ein Wikinger auftritt, sich wie ein Gorilla auf die Brust trommelt und dabei wie eine Death-Metal-Band vor sich hin grölt! Abgesehen davon, dass es schlichtweg falsch ist, kann es kein Mensch sehr lange durchhalten, in einer Konversation dauernd zu brüllen und zu grölen. Klingonisch lässt sich am besten sprechen, indem man seine eigene Stimmlage verwendet. Dabei wird man sicherlich einen leichten Akzent haben, aber das hat schließlich jeder, der eine neue Fremdsprache lernt.

Klappe Eins: Los geht's!

Wörter, die weiterhelfen

... vI-nej.	Ich suche ...
... tu'-lu'-'a'?	Gibt es ... ?
nuqDaq 'oH ...'e'?	Wo ist ... ?
... Da-ghaj-'a'?	Haben Sie ... ?
... DIl-meH Huch 'ar Da-neH?	Wie viel kostet ... ?

lup-wI'	Taxi
lup-wI' mIr	Bahnhof
'elmeH chaw'	Eintrittskarte
Qe'	Restaurant
tIr ngogh	Brot
pItSa' chab	Pizza
bIQ	Wasser
qa'vIn	Kaffee

Lehnwörter

Die klingonische Sprache enthält sehr viele Lehnwörter, meistens aus dem Englischen. Wenn man dies „innerhalb des Spiels“ erklärt, liegt es wohl daran, dass die meisten Aliens offenbar immer erst in den USA landen. In Wirklichkeit ist es aber einfach so, dass der Erschaffer der Sprache selbst Englisch spricht. Klingonische Lehnwörter sind vor allem Begriffe aus dem Alltag, für die es kein richtiges klingonisches Gegenstück gibt, so wie es eben auch keine eigenen deutschen Wörter für „Pizza“, „Mango“ oder „Ananas“ gibt.

Wörter, die weiterhelfen

Eine sehr wichtige Regel ist, dass man keine eigenen Wörter erfinden sollte. Wo kämen wir denn da hin, wenn das jeder täte? Erstens würde man dabei riskieren, ein Wort zu erfinden, das es bereits gibt und dadurch womöglich schwere Missverständnisse auslösen. Das andere Problem wäre aber, dass man mit der Zeit immer mehr Wörter verwendet, die niemand kennt, und man seine eigene Nischen-Sprache entwickelt. Das wäre sehr kontraproduktiv und unterstützt die Kommunikation überhaupt nicht. Wenn man also über etwas sprechen möchte, für das man kein passendes Wort kennt, wirft man einfach das deutsche Wort in den Satz, oder man erklärt es mit anderen Begriffen.

Hier als Beispiel einige mehr oder weniger leicht erkennbare Lehnwörter:

'e'levan	Elefant
ro'Sa'	Rose
wI'qIy	Wiki
qo'la'	Cola
pItSa'	Pizza
menggho'	Mango
DoyIchlan	Deutschland

Grammatik

Bevor wir in die Grundlagen der klingonischen Grammatik einsteigen, muss man sich erst einmal von allem befreien, was man über Sprachen weiß, vor allem über die deutsche. Obwohl Klingonisch auf den ersten Blick wirklich sehr ungewöhnlich und seltsam erscheint, ist die Grammatik im Grunde ganz einfach. Es ist das Deutsche, das schwierig ist, nicht das Klingonische!

Es gibt im Klingonischen keine Artikel, es gibt daher auch keine Geschlechter bei Gegenständen. Verben werden nicht gebeugt, und die Mehrzahlformen sind alle regelmäßig. Es existieren auch keine Zeitformen, weder Vergangenheit noch Zukunft. Man muss sich auch nicht mit Groß- oder Kleinschreibung herumplagen, sich nicht überlegen, ob man jemanden duzt oder siezt, oder sich überlegen, ob ein verdrehter Satzbau eine andere Bedeutung hat.

Im Klingonischen gibt es sehr viele Wörter, die gleich klingen und auch gleich geschrieben werden. In den meisten Fällen kann man jedoch aufgrund der Stellung im Satz erkennen, welche Bedeutung das Wort hat. Es ist ähnlich wie z. B. im Deutschen der Unterschied zwischen „los" in „loslassen" oder „Superlos".

Klingonisch ist leicht zu erlernen, da es sehr strukturiert und regelmäßig aufgebaut ist. Ein paar seltsame Ausnahmen gibt es natürlich schon, aber gerade das macht diese Sprache ja so interessant.

Hauptwörter

Der gesamte klingonische Wortschatz mit nur knapp 4000 Wörtern sieht auf den ersten Blick recht klein aus und vermittelt den Eindruck, der Wortschatz sei dadurch sehr eingeschränkt. Viele Bedeutungen sind jedoch nicht einzeln aufgelistet bzw. genannt worden, da sie sehr häufig auf bereits bestehenden Wörtern basieren. Die Vielseitigkeit der Möglichkeiten zeigt sich sehr gut am Beispiel des Wortes **chen** *„entstehen"*.

chen-moH erschaffen,
entstehen-verursachen herstellen

chen-moH-wI' Erschaffer,
entstehen-verursachen-jemand Hersteller

Hew chen-moH-wI' Bildhauer
Statue entstehen-verursachen-jemand

Keines der genannten einzelnen Wörter taucht in einer Wörterliste auf, da sie aus anderen Wörtern bestehen. Wenn man sich die Grammatik und die bestehenden Wörter anschaut, ist es schnell möglich, daraus eigene Bedeutungen zusammenzusetzen, die jeder schnell versteht. Hierbei sollte man jedoch immer das Thema Kanon im Hinterkopf behalten, denn es ist wie schon erwähnt nicht ratsam, seine eigenen Vokabeln zu erfinden.

Klingonisch ist sehr einfach aufgebaut. Es ist also sehr erleichternd zu hören, dass es überhaupt keine Artikel gibt und auch die Pluralendung nicht immer notwendig ist. So kann man ein Hauptwort in vier verschiedenen Weisen verwenden.

paq =	1. Buch
	2. das Buch
	3. ein Buch
	4. die Bücher
	5. Bücher

Auch bei Personen gibt es eine neutrale Behandlung, was das Geschlecht angeht. **vutwI'** kann sowohl „Koch“ als auch „Köchin“ heißen. Auch wird das Fürwort **ghaH** (er/sie) sowohl für eine Frau als auch für einen Mann verwendet. Die genaue Bedeutung eines Wortes ist dadurch nicht immer aus dem einzelnen Satz heraus zu erkennen, sondern muss von der Rahmenhandlung, dem Kontext, erklärt werden. Das kann entweder ein direkter Hinweis sein, oder es wird durch die verwendeten grammatikalischen Elemente sichtbar.

jatlh vutwI'.
Der Koch / die Köchin / die Köche sprechen

be' ghaH.
Sie ist eine Frau.

jatlh wej vutwI'.
Drei Köche / Köchinnen sprechen.

Zusammengesetzte Hauptwörter

Werden zwei Hauptwörter hintereinander gesetzt, kann das neue Gebilde eine neue Bedeutung erhalten, die im Deutschen häufig mit einem eigenen Wort ausgedrückt werden, wie zum Beispiel **leng buq** „Reisetasche" auch einfach als „Koffer" übersetzt wird.

Bei zusammengesetzten Hauptwörtern gibt es immer zwei Möglichkeiten, das Wort zu verstehen bzw. zu betrachten: Entweder als Genitiv-Konstruktion, also z. B. „Tasche der Reise" oder als zusammengetztes Wort „Reise-Tasche". Der Unterschied ist oft nur eine Wahl der Ausdrucksweise bei der Übersetzung. Eine der bekanntesten dieser Kombinationen ist **tlhIngan Hol**, was in der Regel mit „Klingonisch" übersetzt wird, wörtlich aber „Sprache der Klingonen" heißt.

„Buchstabensalat"

Verben und Zeiten

Das klingonische Verb wird als Infinitiv (Grundform) in der 3. Person Einzahl Gegenwart aufgeführt. So wird das Wort **legh** mit „er/sie sieht" übersetzt. An diese Grundform werden die Vorsilben vorangestellt, die anzeigen, wer im Satz etwas macht (Subjekt) und wer der Empfänger der Handlung (Objekt) ist. Nachsilben werden dahinter gehängt, um zu zeigen, wie etwas passiert oder gemacht wird. Diese Nachsilben werden im Deutschen immer als zusätzliches Wort übersetzt.

Zum Glück für alle Grammatik-Muffel werden die Verben nie verändert und es gibt auch keine Zeitformen. Die Verben stehen also immer in derselben Form und die Zuordnung der Zeit erfolgt durch Zusatz von deutlichen Begriffen wie „gestern" oder „in drei Wochen".

jI-laD	ich lese, ich habe gelesen, ich werde lesen
bI-laD	du liest, du hast gelesen, du wirst lesen
laD	er/sie liest, er/sie hat gelesen, er/sie wird lesen
ma-laD	wir lesen, wir haben gelesen, wir werden lesen
Su-laD	ihr lest, ihr habt gelesen, ihr werdet lesen
laD	sie lesen, sie haben gelesen, sie werden lesen

Wichtig: die 3. Person Pural („Sie") kann nicht als Höflichkeitsform verwendet werden, denn es wird nur wörtlich verstanden. Im Klingonischen gibt es zur Anrede nur die 2. Person.

Satzbau

Zum Aufbau der klingonischen Sprache muss man sich zwei Grundlagen sehr gut einprägen, abgesehen davon, dass Klingonisch einfach ist. Erstens: Im Vergleich zum Deutschen (Subjekt – Verb – Objekt) ist der Satzbau umgekehrt: Objekt – Verb – Subjekt. Zweitens gibt es sehr viele Silben, die man wie in einem Baukasten zusammensetzen kann. Dadurch entstehen Wörter, die auf dem ersten Blick sehr lang und kompliziert erscheinen. Zur Verdeutlichung werden sie in diesem Buch durch Bindestriche getrennt:

lojmIt-Hom-mey-vam
vI-poS-moH-laH-be'-qu'.
Tür-chen-[Mz]-diese
ich:sie-[Mz]-offen-machen-können-nicht-sehr
Ich kann diese Türchen wirklich nicht öffnen.

Viele Informationen, die in der deutschen Übersetzung durch viele einzelne Wörter ausgedrückt werden, stecken in diesen Nachsilben. Daher hat man in der Regel Wörter, die auf den ersten Blick unaussprechlich wirken, aber sobald man deren Aufbau verstanden hat, sind sie leicht zu erkennen und zu verstehen. Bei den Nachsilben ist es wichtig, dass diese immer in einer bestimmten Reihenfolge zu setzen sind. Falls es mal eine Situation gibt, in der man glaubt, es wäre besser, sie zu tauschen, tritt wieder die erste Regel in Kraft: die Reihenfolge muss immer eingehalten werden.

Zusätzlich zu den Nachsilben gibt es auch Vorsilben, die aber nur an Verben verwendet werden. Im Grund könnte man diese auch als Fürwörter übersetzen, aber das Besondere ist, dass die Vorsilben auch anzeigen, wer was mit wem macht. In der Wort-für-Wort-Übersetzung wird diese Beziehung immer mit einem Doppelpunkt angezeigt.

vI-legh.	**mu-legh.**
ich:ihn/sie-sehen	*er/sie:mich-sehen*
Ich sehe ihn/sie.	Er/sie sieht mich.

Der Satz als Objekt

Im Deutschen könnte man dieses Thema geschickterweise mit „Sätze mit dass“ beschreiben, aber im Klingonischen muss man es ein wenig anders betrachten. Vorweg nochmal kurz der Hinweis. Das Objekt ist in einem Satz die Sache, auf die sich das Verb bezieht. Also ist im Satz „Ich trinke Wasser“ das Wort „Wasser“ das Objekt des Verbes „trinken“. Im Klingonischen kann ein ganzer Satz das Objekt eines Verbes sein. Die deutsche Übersetzung eines solchen Satzes wird mit „dass“ gebildet:

bI-ghoj 'e' vI-Sov.
du-lernen das ich:es-wissen
Ich weiß, dass du lernst.

Es wurde bereits erwähnt, dass es im Klingonischen häufig Wörter die je nach Stellung im Satz eine andere Bedeutung haben. Hier ist es zum Beispiel sehr wichtig, darauf zu achten, dass die Silbe **'e'** *hier als Bindewort funktioniert, in Kombination mit einem Nomen aber die Funktion der Betonung erhält.*

Das Kernelement dieses Vorgangs ist das Wort **'e'**, welches sich hier auf den vorigen Satz bezieht. Da das Wort **'e'** diesen Satz komplett ersetzt und als Objekt des folgenden Verbes funktioniert, wird es korrekterweise als „das" übersetzt: Der Beispielsatz „Ich weiß, dass du lernst" besteht wörtlich aus zwei Sätzen: „Du lernst. Ich weiß das." Um die deutsche Übersetzung in einem brauchbaren Lesefluss zu halten, wird hier konsequent die Form mit dem Wort „dass" verwendet. In der WfW-Übersetzung steht das Wort jedoch weiterhin als „das". Grammatikalisch ist **'e'** das Objekt des Verbes, daher gehört dort immer die entsprechende Vorsilbe hin. Für den Satzbau gilt hier dieselbe Regel wie immer: Objekt-Verb-Subjekt. Die Struktur solcher Sätze ist auch immer dieselbe, und der erste Satz kann dabei so lange sein wie er will:

[ein vollständiger Satz]
'e'
[Verb mit Vorsilbe]
[Subjekt]

Es wiederholt sich auch hier die Regel des Baukasten-Prinzips: Auch in diesem Fall wird die Reihenfolge aller Wörter nicht verändert, wie man es im Deutschen machen würde. Dort kann man nämlich einen Satz wie *„Ich sehe, dass du das nicht verstehst"* nicht einfach in zwei Teile zerlegen: *„du das nicht verstehst"* ergibt keinen Sinn. Im Klingonischen ist das aber möglich:

Da-yaj-be'.
du:es-verstehen-nicht
Du verstehst es nicht.

Da-yaj-be' 'e' vI-legh.
du:es-verstehen-nicht das ich:es-sehen
Ich sehe, dass du es nicht verstehst.

Eine Ausnahme ist das Verb **neH** „wollen", bei dem dieses Bindewort niemals verwendet wird:

vI-ghoj vI-neH.
ich:es-lernen ich:es-wollen
Ich will es lernen.

Weitere Beispiele:

paq-vam Da-tIv 'e' vI-tul.
Buch-dies du:es-genießen das ich:es-hoffen
Ich hoffe, du hast Spaß an diesem Buch.

tlhIngan Hol vI-ghoj 'e' lu-yaj-be'.
Klingonen Sprache ich:es-lernen das sie:es-verstehen-nicht
Sie verstehen nicht, dass ich Klingonisch lerne.

SIS 'e' vI-muS.
regnen das ich:es-hassen
Ich hasse es, dass es regnet.

bom 'e' wI-Qoy.
singen das wir:es-hören
Wir hören, dass sie singt.

pItSa' chab vI-Sop vI-neH.
Pizza Kuchen ich:es-essen ich:es-wollen
Ich will Pizza essen.

qa'vIn Da-tlhutlh Da-neH-'a'?
Kaffee du:es-trinken du:es-wollen-[?]
Möchtest du Kaffee trinken?

Nachsilben und ihre Reihenfolge

Die größte Qual beim Lernen des Klingonischen ist die Reihenfolge der Nachsilben. Es existieren knapp über einhundert verschiedene Nachsilben, welche zum einen zu trennen sind nach Nutzung mit Verben und mit Hauptwörtern, zum anderen sind diese selbst noch thematisch in Gruppen sortiert. Bei Hauptwörtern sind es fünf, bei Verben zehn Gruppen. Das Besondere ist, dass man die Reihenfolge der Gruppen einhalten muss und auch noch darauf achten muss, dass man nie zwei Nachsilben aus der selben Gruppe gleichzeitig verwendet.

In dem folgenden Beispiel kann man das mit den Gruppen gut zeigen. Von oben nach unten:

lojmIt	**Hauptwort**	*Tür*
-Hom	**1**	*-chen*
-mey	**2**	*-[Mz)*
-vam	**4**	*-diese*
vI-	**Vorsilbe**	*ich:sie[Mz)*
-poS	**Verb**	*-offen*
-moH	**4**	*-machen*
-laH	**5**	*-können*
-be'	**W**	*-nicht*
-qu'	**W**	*-sehr*

Ich kann diese Türchen wirklich nicht öffnen.

An diesem Beispiel erkennt man gleich, dass nicht immer alle Gruppen genutzt werden müssen, aber die Reihenfolge muss zwingend eingehalten werden, sogar wenn man es vom Gefühl her anders machen würde. Klingonisch ist hier sehr systematisch und streng aufgebaut, aber genau das ist auch der Grund, warum es so einfach ist: es gibt keine Ausnahmen.

Die einzelnen Gruppen werden hier nicht einzeln erklärt, da es den Rahmen sprengen würde. Falls erforderlich wird stattdessen gelegentlich auf die Nummer der Gruppe hingewiesen, und etwas dazu gesagt, wo es notwendig ist. Im Anhang dieses Buches sind die Silben in einer Übersicht aufgelistet.

Eigenschaftswörter

Das Besondere der Eigenschaftswörter im Klingonischen ist, dass diese wie Verben benutzt werden. So macht man keinen Unterschied zwischen dem Wort „groß" und „groß sein". Der Unterschied liegt jedoch in der Verwendung, die schnell erklärt ist: Steht das Eigenschaftswort wie im Satzbau üblich vor dem Hauptwort, wird es wie ein Verb behandelt; Steht das Wort hinter dem Hauptwort, funktioniert es wie ein Eigenschaftswort.

woch loD.	**loD woch**
groß Mann	*Mann groß*
Der Mann ist groß.	der große Mann
val be'.	**be' val**
schlau Frau	*Frau schlau*
Die Frau ist schlau.	die schlaue Frau

Es ist möglich, derartige Ausdrücke als Element in einem Satz zu verwenden, daher ist die Reihenfolge sehr wichtig. Man vergleiche:

woch be' val.
groß Frau schlau
Die schlaue Frau ist groß.

val be' woch.
schlau Frau groß
Die große Frau ist schlau.

Farben

Über Farben zu sprechen ist relativ einfach, wenn man sich daran gewöhnt hat, dass es außer **qIj** (schwarz) und **chIS** (weiß) nur zwei Wörter für die Farben gibt: **Doq** und **SuD**, „rot" und „grün".

Das beweist wieder, wie kurz und einfach die klingonische Sprache ist. Für manche mag es als Mangel erscheinen, aber für andere ist es vielleicht umso erfreulicher, dass man mit einem einzigen Wort die halbe Farbpalette abdecken kann und dabei immer richtig liegt.

Das Verb **Doq** wird üblicherweise mit „rot sein" übersetzt und deckt dabei so ziemlich alle warmen Farben ab, von Orange über Rosa, Rot und Bordeaux bis Dunkelbraun. Bei allem, was **SuD** ist, verhält es sich so ähnlich, wobei diese von einem hellen Gelb zu Grün über Türkis zu Blau übergeht.

Hierbei ist zu beachten, dass Violett bzw. Lila in keiner der Farben enthalten ist. Im Zweifelsfall wären diese Töne dann aber **Doq** zuzuordnen.

Doq	rot / orange
SuD	grün / blau
qIj	schwarz
chIS	weiß

Etwas komplizierter wird es bei Abweichungen von diesen Farben. Da es Wörter wie *ocker, türkis* oder *beige* nicht gibt, muss man diese umschreiben. Die wichtigsten Verben dafür sind **Hurgh** (dunkel sein) und **wov** (hell sein), in Kombination mit den Nachsilben **-qu'** (sehr) und **-be'** (nicht).

SuD	blau
SuD 'ej Hurgh	dunkelblau
SuDqu' 'ej Hurgh	dunkelgrün und blau
SuDqu'	grün
SuDqu' 'ej wov	hellgrün bis gelb
SuD 'ej wov	eine gelbe Nuance
SuD 'ej wov	hellblau
Doq 'ej wov	rot bis orange
Doq	orange/rot
Doqqu' 'ej wov	pink
Doqqu'	mehr rot als orange
Doqqu' 'ej Hurgh	dunkelrot
Doq 'ej Hurgh	dunkelrot bis braun
Doq 'ej wovbe'	braun
qIj 'ej wov	grau

In diesem Fall kann man wieder dem schlechten Ruf der klingonischen Sprache entgegen treten, dass diese angeblich so schroff und kurz wäre. Denn beim Bezeichnen von Farben ist es immer noch möglich, diese mit Gegenständen zu vergleichen, wodurch die Sprache einen sehr blumigen Charakter erhält. Falls also eine der obigen Umschreibungen nicht ausreicht, kann man einen Farbton, genau wie im Deutschen, mit einem Gegenstand vergleichen:

Doq 'ej na'ran rur.
rot=sein und Orange ähneln
Es hat die Farbe einer Orange.

Doq 'ej qol'om rur.
rot=sein und Gold ähneln
Es ist goldgelb.

SuD 'ej chal rur.
blau=sein und Himmel ähneln
Es ist himmelblau.

SuD 'ej magh rur.
blau=sein und Gras ähneln
Es ist grasgrün.

Vergleiche anstellen

Auch wenn man es sich kaum vorstellen kann, ist Klingonisch eine sehr blumige Sprache, die viele Redewendungen und Vergleiche verwendet. Wie schon bei den Farben zu sehen, verwendet man dafür das Verb **rur** („ähneln"). Viele der Vergleiche basieren auf kulturellen Hintergründen (**bIr; bortaS rur** – „so kalt wie Rache"), bei vielen ist der Hintergrund aber unerklärbar (**'IQ; rav rur'** – „so traurig wie der Boden").

Für diese Konstruktion gibt es – genau wie bei den Beleidigungen – keinerlei Grenzen, und man kann das Verb **rur** („ähneln") sehr kreativ einsetzen. Die Satzstruktur ist dabei immer gleich:

[Adjektiv]; [Nomen] rur.
xyz=sein; Nomen ähneln
Er/sie/es ist [Adjektiv] wie ein/e [Nomen].

let; nagh rur.
hart=sein; Stein ähneln
Er/sie/es ist hart wie ein Stein.

lang; tlhegh rur.
dünn=sein; Seil ähneln
Er/sie/es ist dünn wie ein Seil.

Auf keinen Fall ist man auf diese Konstruktion beschränkt, sondern kann sie ganz nach Belieben und Phantasie in poetische Aussagen verpacken.

Dem DIr-Daj; raS tlhIm rur.
farblos=sein Haut-sein; Tisch Tuch ähneln
Seine Haut war farblos wie ein Tischtuch.

In einem bekannten Werk Shakespeares sagte Romeo: „Verlass dich drauf, der Mensch ist treu wie Gold.“ Dies wäre auf Klingonisch:

matlh Human; qol'om rur.
treu=sein Mensch; Gold ähneln
Der Mensch ist treu wie Gold.

„sein“

Im Klingonischen existiert kein Wort für „sein“. Um Eigenschaften zu beschreiben, verwendet man die Eigenschaftswörter, die in ihrer Definition bereits das Verb „sein“ enthalten:

jI-woch.
ich-groß=sein
Ich bin groß.

SuD nov.
grün=sein Alien
Der Außerirdische ist grün.

rop loDnI'-wI'.
krank=sein Bruder-mein
Mein Bruder ist krank.

Das bedeutet außerdem, dass man in Sätzen der Form „A ist B“ ohne Verb auskommt. Die einfache Variante dieser Situation besteht, wenn man ein Hauptwort mit einem Fürwort vergleicht, so wie in „Ich bin ein...“ oder „Er ist ein...“. Hier funktionieren die Fürwörter als Verben und können auch als solche übersetzt werden. Diese folgen dann immer dem Hauptwort:

ghoj-moH-wI' jIH.
Lehrer ich
Ich bin ein Lehrer.

beb mutlh-wI' ghaH.
Dach bauen-er er/sie
Er/sie ist ein Dachdecker.

Um einen Satz wie „Mein Mann ist ein Pilot“ zu sagen, sagt man erst das Hauptwort, um das es sich dreht, also was jemand ist, gefolgt von dem persönlichen Fürwort:

'or-wI' ghaH.
Pilot er/sie
Er/sie ist ein Pilot.

Die zweite Hälfte des Satzes enthält die Person, von der man spricht, gefolgt von der Silbe **-'e'**. Diese ist in dieser Konstruktion einfach immer notwendig und betont die Person, von der man spricht:

loDnI'-wI'-'e'
Ehemann-mein-der
mein Ehemann, von dem wir sprechen

Der gesamte Satz entsteht dann aus den zusammengesetzten Teilen:

'orwI' ghaH loDnI'-wI'-'e'.
Pilot er/sie Ehemann-mein-der
Mein Ehemann ist ein Pilot.

Man könnte sich über diese umgekehrte Reihenfolge wundern und argumentieren, dass wenn A=B dann gilt, dann auch B=A. Wenn ich aber sage „Mein Freund ist Pianist" ist es einfach eine andere Aussage als „Der Pianist ist mein Freund".

Damit kann man jeden Satz der Form „A ist B" wie folgt umsetzen:

B ghaH A-'e'	bei Personen
B 'oH A-'e'	bei Gegenständen

Im Falle der Mehrzahl setzt man die entsprechenden Fürwörter ein: **chaH** für Personen und **bIH** für Gegenstände.

Einer der nützlichsten Sätze nach diesem Schema lautet:

xyz 'oH pong-wIj-'e'.
xyz es Name-mein-der
Mein Name ist xyz.

Steigern und Vergleichen

Genauso wie die Verben nicht an die Person oder die Zeit angepasst werden, so gibt es auch keine Art der Anpassung, dass man aus einem Eigenschaftswort eine Steigerung macht. So kann man auf Klingonisch nicht einfach sagen, etwas sei „besser", ohne zu ergänzen, mit was es verglichen wird.

Für den Vergleich von zwei Gegenständen bzw. Personen benötigt man zum einen das Eigenschaftswort, welches die Qualität beschreibt, die verglichen wird, und zum anderen die beiden Verben **law'** und **puS**, die mit „viel sein" und „wenig sein" übersetzt werden.

Nehmen wir an, das Eigenschaftswort sei Q. Für eine Aussage der Form „X ist Q-er als Y" verwendet man immer das Schema **X Q law' Y Q puS**. Ein paar Beispiele erklären dies besser:

paq-wIj qargh law' paq-lIj qargh puS.
Buch-mein dick=sein viel Buch-dein dick=sein wenig
Mein Buch ist dicker als dein Buch.

waq-vam boch law' waq-vetlh boch puS.
Schuh-dies glänzend=sein viel Schuh-jener glänzend=sein wenig
Dieser Schuh glänzt mehr als jener Schuh.

Das funktioniert auch mit Fürwörtern:

bo'Degh chuS law' SoH chuS puS.
Vogel laut=sein viel du laut=sein wenig
Der Vogel ist lauter als du.

jIH woch law' SoH woch puS.
ich groß=sein viel du groß=sein wenig
Ich bin größer als du.

Um einen Superlativ zu bilden, fügt man an zweiter Stelle das Wort **Hoch** („alles") ein, um zu sagen „X ist mehr als alles":

paq-wIj qargh law' Hoch qargh puS.
Buch-mein dick=sein viel alles dick=sein wenig
Mein Buch ist dicker als alles andere.
(oder:) Mein Buch ist das dickste.

Persönliche Fürwörter

Fürwörter sind, wie der Name schon sagt, Wörter, die für etwas anderes stehen. Genauso funktionieren sie auch in einem Satz, da sie problemlos als Ersatz für etwas anderes ausgetauscht werden können. Werden an einem Verb Vorsilben verwendet, sind die Fürwörter überflüssig, können aber zur Betonung verwendet werden.

paq vI-laD.	**'oH vI-laD.**
Buch ich:es-lesen	*es ich:es-lesen*
Ich lese ein Buch.	Ich lese es.

Das folgende Beispiel erklärt die Möglichkeit der Unterscheidung:

mu-legh.
er/sie/es/sie[Mz):mich-sehen
er/sie/es/sie(Mehrzahl) sehen mich.

(Hier ist nicht eindeutig, wer mich sieht!)

mu-legh ghaH.
er/sie/es/sie[PL):mich-sehen er/sie
Er / sie sieht mich.

mu-legh 'oH.
er/sie/es/sie[PL):mich-sehen es
Es sieht mich.

mu-legh chaH.
er/sie/es/sie[PL):mich-sehen sie
Sie sehen mich.

jIH	ich
SoH	du
ghaH	er/sie
'oH	es
maH	wir
tlhIH	ihr
bIH	sie (Gegenstände)
chaH	sie (sprachfähige Lebewesen)

Besitzanzeigende Fürwörter

Um den Besitz eines Hauptwortes anzuzeigen, werden auch Nachsilben verwendet und an das Wort angehängt. Hier gibt es wie im Deutschen für jede Situation die passende Silbe, es wird jedoch unterschieden, ob das Hauptwort, auf das es sich bezieht, eine Person oder ein Gegenstand ist. Diese Silben gehören der Gruppe 4 an. Die besitzanzeigenden Endungen lauten so:

Gegenstände	Personen	
-wIj	**-wI'**	mein
-lIj	**-lI'**	dein
-Daj	**-Daj**	sein / ihr
-maj	**-ma'**	unser
-raj	**-ra'**	euer
-chaj	**-chaj**	ihr

*Diese Nachsilben werden nur an allein stehende Hauptwörter angehängt. Wenn man eine Genitiv-Konstruktion ausdrücken möchte wie „Vaters Buch" (**vav paq**), dann werden diese Silben nicht angehängt. Das wäre so falsch wie das deutsche „der Vater sein Buch" (**vav paqDaj**).*

Umstandswörter

Die Umstandswörter, die erklären, in welcher Art und Weise etwas passiert, stehen so gut wie immer am Anfang des Satzes. Manche dieser Wörter kann man als Zeitbegriffe betrachten, aber sie funktionieren genau wie die anderen. Folgende Wörter sind die wichtigsten, die man kennen sollte:

Diese Umstandswörter sind nur in dieser Situation zu verwenden, und auch wenn das deutsche Wort zum Beispiel als Verb verwendbar ist, muss es beim Klingonischen nicht ebenfalls der Fall sein.

An einige Umstandswörter kann man die Umkehrsilbe **-Ha'** *anhängen, um die Bedeutung umzudrehen, also das Gegenteil auszudrücken. Das funktioniert aber nicht immer!*

batlh	ehrenhaft, mit Ehre
bong	versehentlich, ohne Absicht
chaq	vielleicht
chIch	absichtlich, mit Absicht
DaH	jetzt
Do'	glücklicherweise
jaS	gleichermaßen
jaSHa'	verschiedentlich
loQ	ein wenig, etwas
nom	schnell, rasch
not	niemals
pay'	plötzlich
pIj	oft
QIt	langsam
reH	immer
rut	manchmal, ab und zu
SIbI'	sofort
SIbI'Ha'	nicht sofort
tugh	bald
vaj	also, dann
wej	noch nicht

Können, Wollen, Müssen ...

Im Deutschen gibt es Modalverben, welche die Möglichkeit oder Notwendigkeit eines Vorgangs ausdrücken. Dies gibt es im Klingonischen nicht als Verb, sondern hier werden Nachsilben verwendet. Für die Notwendigkeit eines Vorgangs verwendet man die Nachsilben aus der Gruppe 2, für die Fähigkeit jene aus der Gruppe 5.

Durch die Zahl der Gruppe ist auch gleich die Reihenfolge der Nachsilben festgelegt.

-nIS: jI-Sop-nIS.	Ich muss essen.
-qang: jI-QaH-qang.	Ich bin willens, zu helfen.
-rup: jI-leng-rup.	Ich bin bereit zu reisen.
-beH: Hev-beH.	Es ist empfangsbereit.

Die Nachsilbe **-beH** *wird nur für Geräte und Maschinen verwendet.*

Aus der Gruppe 5 wird nur die Silbe **-laH** verwendet mit der Bedeutung „können, fähig sein“.

tlhIngan Hol Da-jatlh-laH-'a'?
Klingone Sprache du:es-sprechen-können-[?]
Können Sie Klingonisch sprechen?

jI-yaj-laH-be'.
ich-verstehen-können-nicht
Ich kann nicht verstehen.

maS vI-legh-laH.
Mond ich:es-sehen-können
Ich kann den Mond sehen.

Wollen und Wünschen

Wird etwas gewollt oder gewünscht, dann ist der Satzbau komplett anders. Dazu muss man einen Satz als Objekt bilden, was im Kapitel „Der Satz als Objekt“ erklärt wird. Das Verb für „wollen“ ist **neH** und folgt in solchen Sätzen einer abweichenden Regel: das Bindewort **'e'** wird nie benutzt.

Vergleiche:

bI-ghoj 'e' vI-legh.
du-lernen das ich:es-sehen
Ich sehe, dass du lernst.

bI-ghoj vI-neH.
du-lernen ich:es-wollen
Ich will, dass du lernst.

Darüber hinaus ist die Verwendung relativ einfach: Man sagt einfach einen vollständigen Satz und setzt einfach das Verb **neH** mit der passenden Vorsilbe dahinter.

paq-vam vI-laD.
Buch-dies ich:es-lesen
Ich lese dieses Buch.

paq-vam vI-laD vI-neH.
Buch-dies ich:es-lesen ich:es-wollen
Ich will dieses Buch lesen.

Verneinung

Um eine Aussage im Klingonischen zu verneinen, verwendet man die Nachsilbe **-be'**. Das Besondere an dieser Silbe ist, dass sie im Gegensatz zu den anderen nicht an die vorgeschriebene Reihenfolge gebunden ist, sondern sich immer hinter jene Silbe setzt, die sie verneint. Ein paar Beispiele machen dies deutlich:

vI-Sop-be'-rup-chu'.
ich:es-essen-nicht-bereit-perfekt
Ich bin perfekt bereit, es nicht zu essen.

vI-Sop-rup-be'-chu'.
ich:es-essen-bereit-nicht-perfekt
Ich bin überhaupt nicht bereit, es zu essen.

vI-Sop-rup-chu'-be'.
ich:es-essen-bereit-perfekt-nicht
Ich bin nicht wirklich bereit, es zu essen.

yI-Sop! – Guten Appetit!

Verhältniswörter

Das Thema Verhältniswörter ist im Deutschen recht verwirrend und kompliziert. Klingonisch ist hier hingegen sehr einfach und greift einfach auf bekannte Strukturen zurück.

örtlich

Um Ideen wie „neben, vor, hinter, über" usw. auszudrücken, werden die Hauptwörter verwendet, die den Ort benennen und mit der Orts-Nachsilbe **-Daq** kombiniert. So kann man das Wort **Dung** mit „Bereich oberhalb" übersetzen. **Dung-Daq** ist also „im Bereich oberhalb". Die Ortsangaben stehen immer am Anfang des Satzes.

Dung-Daq	über
bIng-Daq	unter
retlh-Daq	neben
'em-Daq	hinter
tlhop-Daq	vor

In Kombination mit anderen Hauptwörtern entstehen damit Ausdrücke wie in den folgenden Beispielen:

nach-wIj Dung-Daq
Kopf-mein Obenbereich-in
über meinem Kopf

Duj bIng-Daq
Schiff Untenbereich-in
unter dem Schiff

pa'-lIj retlh-Daq
Zimmer-dein Nebenbereich-in
neben deinem Zimmer

lojmIt 'em-Daq
Tür Hinterbereich-in
hinter der Tür

jup-Daj tlhop-Daq
Freund-sein Vorbereich-in
vor seinem Freund

zeitlich

Zeitliche Verhältniswörter gibt es überhaupt nicht. Stattdessen verwendet man die bekannten zeitlichen Nachsilben, oder man gibt die genaue Zeit an, wann etwas passiert.

ma-Sop-pa' ma-vum.
wir-essen-bevor wir-arbeiten.
Bevor wir essen, arbeiten wir.

ma-vum-ta'-DI' ma-Sop.
wir-arbeiten-abgeschlossen-sobald wir-essen.
Sobald wir gearbeitet haben, essen wir.

In diesen Fällen kann man die Sätze genau wie im Deutschen auch umdrehen, ohne dass sich die Bedeutung ändert:

ma-Sop ma-vum-ta'-DI'.
wir-essen wir-arbeiten-abgeschlossen-sobald.
Wir essen, sobald wir gearbeitet haben.

Verhältniswörter

Alle sonstigen Verbindungswörter, die man so im Deutschen kennt, wie „mit, aus, von, für“ usw. werden im Klingonischen meistens als Teil des Verbs „mitgeliefert“. Das heißt, es gibt viele Verben, bei denen diese Wörter bereits Teil der Definition sind. Hier ein paar Beispiele:

boq	eine Allianz bilden mit
chagh	fallen lassen
Dab	wohnen in
DIj	mit einem Pinsel bemalen
ngagh	paaren mit
ngeQ	zusammenstoßen mit
qat	mit Instrument begleiten
SaH	kümmern um
SIq	mit dem Finger zeigen
Suv	kämpfen gegen
tIj	an Bord gehen
ve'	mit Absicht reisen
yugh	bestehen aus
'el	hinein gehen

Bindewörter

Die Bindewörter funktionieren fast genauso wie im Deutschen, sie werden einfach zwischen zwei Sätze gestellt. Der Unterschied dabei ist, dass die beiden verbundenen Sätze immer selbstständig funktionieren können müssen. Es geht also nicht wie im Deutschen, dass man z. B. sagt „Sie ging in die Küche und trank etwas" weil der Teil „trank etwas" kein eigenständiger Satz ist. Im Klingonischen müsste man immer sagen „Sie ging in die Küche und sie trank etwas". Es passiert im Klingonischen darum sehr häufig, dass Teile sich in einem Satz wiederholen, aber das ist kein Problem, sondern einfach der typische Schreibstil. Für Sätze sind dies die wichtigsten Bindewörter:

'ej	und
pagh	oder (das Entweder-oder)
qoj	oder

Das Wort **qoj** *kommt seltener vor und bedeutet „entweder nur eins oder auch beides".*

taH pagh taH-be'.
sein oder sein-nicht
Sein oder nicht sein.

qa-legh 'ej qa-Qoy.
ich:dich-sehen und ich:dich-hören
Ich sehe dich und ich höre dich.

Wenn Hauptwörter verbunden werden, dann ist die Reihenfolge anders als im Deutschen:

Das Bindewort kommt als letztes. *A und B* ist also **A B je**. Auch hier gibt es drei verschiedene Wörter:

je	und
ghap	oder (entweder-oder)
joq	oder (nur eins oder beides)

Das Wort **joq** *kommt seltener vor und bedeutet „entweder nur eins oder auch beides".*

qa'vIn nIm je vI-tlhutlh.
Kaffee Milch und ich:es-trinke
Ich trinke Kaffee und Milch.

mu-legh vav-wI' SoS-wI' je.
sie:mich-sehen Vater-mein Mutter-mein und
Mein Vater und meine Mutter sehen mich.

Das Bindewort **'ach** „aber" funktioniert genauso und wird ebenfalls zwischen zwei Sätze gestellt. Man kann das Wort **'ach** auch zu **'a** verkürzen.

Hier ist Vorsicht geboten! Die Nachsilbe **-be'** *„nicht" ist komplett identisch mit dem Wort* **be'** *„Frau". Eine falsche Betonung kann fatale Konsequenzen haben. Im Zweifelsfall sollte man es anders formulieren.*

paq vI-nej 'ach vI-Sam-be'.
Buch ich:es-suchen aber ich:es-finden-nicht
Ich suchte das Buch, aber ich fand es nicht.

mu' vI-laD-laH 'ach vI-yaj-be'.
Wort ich:es-lesen-können aber ich:es-verstehen-nicht
Ich kann das Wort lesen, aber ich verstehe es nicht.

'IH be' 'ach val-be'.
hübsch=sein Frau aber schlau-nicht
Die Frau ist hübsch, aber nicht schlau.

Es gibt einige Bindewörter, die man für eine Folge verwendet. Dies kann sowohl die Folge einer Ursache sein („Wenn es regnet, dann wirst du nass") oder aber die Folge in einer Reihe von Ereignissen („Ich esse, dann trinke ich."). Für den ersten Fall verwendet man das Wort **vaj** „also, dann, folglich":

Hoch Da-Sop-be'-chugh vaj naH qa-nob-be'.
alles du:es-essen-nicht-falls dann Obst ich:dir-geben-nicht
Wenn du nicht alles aufisst, gebe ich dir kein Obst.

Das Wort **vaj** ist in der klingonischen Grammatik ein Adverb, kein Bindewort. Da dieses Buch für deutsche Anwender geschrieben wird, steht es jedoch im Kapitel „Bindewörter". Da **vaj** im Klingonischen als Adverb verwendet wird, kann es auch alleine stehen:

vaj cho-legh-'a'?
also du:mich-sehen-[?]
Also hast du mich gesehen?

vaj paq Da-laD-laH.
also/dann Buch du:es-lesen-können
In dem Fall kannst du das Buch lesen.

zeitliche Bindewörter

Wenn der zweite zu verbindende Satz als Abfolge stattfindet, verwendet man die Wörter **ghIq** „dann, danach" oder **ngugh** „dann, in dem Moment". Das erste erscheint in Fällen, wenn es eine zeitliche Folge von Ereignissen ist. Man übersetzt es daher auch häufig mit „anschließend" oder „danach". Genau wie **vaj** werden diese Wörter als Adverbien verwendet und können daher alleine stehen, während sie im Deutschen häufig als Bindewort übersetzt werden.

jI-Sop. ghIq jI-tlhutlh. ghIq jI-Qong.
ich-essen dann ich-trinken dann ich-schlafen
Ich esse. Dann trinke ich. Danach schlafe ich.

Man kann diese Sätze so wie jeden anderen Satz mit den bekannten Bindewörtern verbinden:

jI-ghItlh 'ej ghIq jI-laD.
ich-schreiben und anschließend ich-lesen
Ich schreibe und dann lese ich.

Das Wort **ngugh** funktioniert ähnlich, jedoch zielt es auf den bestimmten Zeitpunkt, der nach einem Ereignis stattfindet. Eine geeignete Übersetzung ist „in diesem Moment" oder „zu diesem Zeitpunkt", manchmal sogar „damals". Wie bei den Adverbien üblich kommt es an den Anfang des Satzes.

wa'-vatlh ben Hov leng 'ogh-lu'-be'.
ngugh tlhIngan Hol wI-jatlh-be'.
eins-hundert vor=Jahren Stern Reise erfinden-man-nicht. dann Klingone Sprache wir:es-sprechen-nicht
Vor hundert Jahren war Star Trek noch nicht erfunden. Damals sprachen wir kein Klingonisch.

Fragen

Es gibt zwei Sorten von Fragen: Entscheidungsfragen, die man mit „Ja" (**HIja'**) bzw. „Nein" (**ghobe'**) beantworten kann, und Ergänzungsfragen. Diese werden mit Fragewörtern gebildet und erwarten als Antwort eine vollständige Aussage. Für Entscheidungsfragen verwendet man die Fragepartikel **-'a'**. Diese gehört zur Nachsilbengruppe 9, das heißt, die Silbe steht am Ende des Verbs. Auch hier ändert sich die Satzstellung nicht.

chab Sop-ta' be'-Hom.
Kuchen essen-hat Mäd-chen
Das Mädchen hat den Kuchen gegessen.

chab Sop-ta'-'a' be'-Hom?
Kuchen essen-hat-[?] Mäd-chen
Hat das Mädchen den Kuchen gegessen?

Die folgenden Fragewörter kommen immer an den Anfang des Satzes bzw. werden vor eine Aussage gestellt. Dabei wird der Satzbau nicht geändert. Vergleiche:

puH Duj tI' loD.
Land Fahrzeug reparieren Mann
Der Mann hat das Auto repariert.

ghorgh puH Duj tI' loD?
wann? Land Fahrzeug reparieren Mann
Wann hat der Mann das Auto repariert?

Fragen

chay'	wie?
ghorgh	wann?
nuq	was?
nuqDaq	wo?
qatlh	warum
'ar	wie viel/e?
'Iv	wer?

Die Wörter **nuq** („was“) und **'Iv** („wer“) funktionieren etwas anders, denn sie stehen im Satz immer dort, wo man die Antwort erwartet:

loD legh 'Iv?	**'Iv legh loD?**
Mann sehen wer?	*wer sehen Mann?*
Wer sieht den Mann?	Wen sieht der Mann?

Das Mengenfragewort **'ar** folgt immer dem Hauptwort, nach dessen Menge man fragt. Das Hauptwort steht dabei immer in der Einzahl.

Huch 'ar Da-ghaj?
Geld wieviel du:es-haben
Wie viel Geld hast du?

Auffordern und Befehlen

Um Befehle zu bilden, wird der standardmäßige Satzbau verwendet und lediglich die Vorsilbe ausgetauscht, die das Ganze zu einem Befehl macht. Wie auch bei den anderen Vorsilben muss man darauf achten, was das Objekt und was das Subjekt ist.

Beim Erteilen von Befehlen wird unterschieden, ob man eine oder mehrere Personen anspricht. Wenn es kein Objekt im Befehl gibt (z. B. „Lauf!") dann ist die Silbe in der Einzahl **yI-**, was wie das Wort „je" gesprochen wird. Bei mehreren Personen verwendet man die Silbe **pe-**. Zum Glück gibt es ein paar Vereinfachungen:

a) Wenn es ein Objekt gibt, sind die Vorsilben gleich, egal ob man eine oder mehrere Personen anspricht, und

b) die Vorsilbe für „kein Objekt" wird auch dann verwendet, wenn es ein Objekt gibt. **yI-Sop** heißt also gleichzeitig „Iss!", „Iss es!", „Esst!" und „Esst es!"

kein Obj.	mich	dich	ihn/sie/es	uns	euch	sie (Mz)
yI- (Ez) **pe-** (Mz)	**HI-**	/	**yI-**	**gho-**	/	**tI-**

Aussagesatz	Befehlsform
bI-Sop. *du-essen* Du isst.	**yI-Sop!** *du[BEFEHL]-essen* Iss!
paq Da-laD. *Buch du:es-lesen* Du liest ein Buch.	**paq yI-laD!** *Buch du:es[BEFEHL]-lesen* Lies das Buch!
Su-Qong! *ihr-schlafen.* Ihr schlaft.	**pe-Qong!** *ihr[BEFEHL]-schlafen.* Schlaft!
mu'-mey Da-ghoj. *Wort-PL du:sie-lernen.* Du lernst die Wörter.	**mu'-mey tI-ghoj.** *Wort-PL du:sie[BEFEHL]-lernen.* Lerne die Wörter!

In dem Fall, dass Objekt und Subjekt identisch sind, muss die Nachsilbe **-'egh** hinzugefügt werden, da es dafür keine passende Vorsilbe gibt. Dann wird stattdessen die Silbe für „kein Objekt" genommen. Ein Beispiel:

yI-SIq.
Zeige mit dem Finger.

yI-SIq-'egh.
Zeige mit dem Finger auf dich selbst.

Zahlen und Zählen

Auf Klingonisch zu zählen ist noch einfacher als im Deutschen oder anderen Sprachen, da es keine besonderen Wörter wie „elf" und „zwölf" gibt und die Zahlen nicht rückwärts gelesen werden wie „ein-und-zwanzig", sondern sich alles komplett logisch wiederholend wie in einem Baukasten zusammensetzen lässt.

Grundzahlen

0	**pagh**
1	**wa'**
2	**cha'**
3	**wej**
4	**loS**
5	**vagh**
6	**jav**
7	**Soch**
8	**chorgh**
9	**Hut**

Das Wort für 0 bedeutet eigentlich „nichts" und wird beim Nennen der Zahlen nie ausgesprochen.

Vielfache von Zehn erhalten zusätzlich die Silbe **-maH**, also 10 = **wa'maH**, 20 = **cha'maH** usw. Einer werden dann einfach dahinter gehängt, mit Leerzeichen: 14 = **wa'maH loS**, 28 = **cha'maH chorgh.**

Hunderter genauso mit **-vatlh:**

100 = **wa'vatlh**
120 = **wa'vatlh cha'maH**
157 = **wa'vatlh vaghmaH Soch**
999 = **Hutvatlh HutmaH Hut**

Rechnen

Es ist nicht jede Form des Rechnens bekannt, aber die Grundlagen lassen sich leicht zusammenfassen. Man muss nur die folgenden Wörter kennen und entsprechend zusammensetzen: **boq** bedeutet „sich vereinen mit“ und **chen** bedeutet „entstehen“.

So sagt man z. B. für 5 + 3 = 8: „3 vereint sich mit 5; 8 entsteht“: **vagh boq wej; chen chorgh.**

Ordnungszahlen und Kardinalzahlen

Um Vielfache zu bilden, wird an jede beliebige Zahl die Silbe **-logh** angehängt, die man sinngemäß einfach mit „mal“ oder „x-fach“ übersetzen kann:

cha'-logh vI-legh.
zwei-mal ich:ihn-sehen
Ich sah ihn zweimal.

Zeit und Datum

Da es im Klingonischen keine Zeitformen bei den Verben gibt, sind Zeitangaben sehr wichtig für ein Gespräch, um auszudrücken, wann etwas passiert ist. Zeitangaben werden im Satz immer an erster Stelle genannt, außer wenn ein Fragewort davor kommt.

Als Zeitangabe kann man alles nennen, was die Zeit bestimmt, wie „am Montag“ oder „am 15. März 1979“, aber es gibt auch eine Handvoll fester Begriffe, die man kennen sollte:

DaH	jetzt
tugh	bald
qen	neulich
not	niemals
reH	immer
DaHjaj	heute
wa'Hu'	gestern
cha'Hu'	vorgestern
wa'leS	morgen
cha'leS	übermorgen

Die Wörter **Hu'** und **leS** bedeuten wörtlich „vor x Tagen“ bzw. „in x Tagen“ und werden in Kombination mit Zahlen für die Ausdrücke „Gestern“ bzw. „Morgen“ verwendet. Sie können nicht alleine stehen, aber mit jeder beliebigen Zahl kombiniert werden. So kann man also anstatt „vor-vor-vor-gestern“ einfach **wejHu'** sagen, also „vor drei Tagen“. Dasselbe gilt für die folgenden Wörter:

ben	vor x Jahren
nem	in x Jahren
wen	vor x Monaten
waQ	in x Monaten

Die Uhrzeit wird so gelesen, als sei es eine Zahl, gefolgt von dem Wort **rep** „Stunde". Die Angabe der Uhrzeit erfolgt aber im militärischen Stil, also sagt man für 7:00 Uhr „siebenhundert" und für 21:00 Uhr „einundzwanzig-hundert".

00:00	**pagh rep** *null Uhr*
05:00	**vagh-vatlh rep** *500 Uhr*
12:00	**wa'-maH cha'-vatlh rep** *1200 Uhr*
15:00	**wa'-maH vagh-vatlh rep** *1500 Uhr*

Zeiteinheiten

lup	Sekunde
tup	Minute
rep	Stunde
jaj	Tag
jar	Monat
DIS	Jahr

Wochentage

Soweit bekannt ist, hat die klingonische Woche nur sechs Tage, was bei der Übertragung auf andere Kalender häufig zu Problemen führte. Daher hat es sich eingebürgert, dass man die Tage in nicht-klingonischen Kalendern zuerst mit den klingonischen Namen benennt, falls es aber mehr als sechs Tage gibt, diese durchnummeriert werden. Diese zusätzlichen Tage heißen dann einfach Tag eins, Tag zwei usw. Daher kommt es, dass der Sonntag für uns als **jaj wa'** (Tag 1) definiert wurde. Die klingonischen Tage heißen wie folgt:

DaSjaj	Montag
povjaj	Dienstag
ghItlhjaj	Mittwoch
loghjaj	Donnerstag
buqjaj	Freitag
ghInjaj	Samstag
jaj wa'	Sonntag

Das Wort **jaj** heißt „Tag". Die Anfangs-Silben der Wochentage haben für sich manchmal eine Bedeutung, haben aber nichts mit der Bedeutung des Wochentags zu tun.

Das Wort **jaj** *„Tag" bezieht sich auf einen kompletten Tagesablauf, einer Erdumdrehung, also inklusive der Tageszeit und der Nacht. Um davon den hellen Tag zu unterscheiden, verwendet man das Wort* **pem** *„Tageszeit". Das Wort für die Nacht heißt* **ram.**

Tageszeiten

po	Morgen
jajlo'	Morgendämmerung
pemjep	Mittag (genau)
DungluQ	Mittag, Mittagszeit
pov	Nachmittag
tlhom	Dämmerung
pem	Tageszeit
ram	Nacht
ramjep	Mitternacht

Mengen und Maße

Um über Einheiten zu sprechen, verwendet man die passenden Verben, die man alle übersetzen kann mit *„eine Länge/Breite/Höhe von x haben"* und so weiter. Das Objekt des Verbes ist dabei die Maßeinheit, das Subjekt ist die Sache, über die man spricht.

juch	breit sein, die Breite von ... haben
muq	ein Volumen von ... haben
ngI'	wiegen, ein Gewicht von ... haben
Saw'	eine Tiefe von ... haben
'ab	Länge/Höhe von ... haben
'aD	Länge/Höhe von ... haben
juv	messen, maßnehmen

raS vI-juv.
Tisch ich:es-messen
Ich messe den Tisch.

6 'uj juch raS.
6 uj breit=sein Tisch
Der Tisch ist 6 uj breit.

Manche der Maßeinheiten enthalten die Vergrößerungs-Silbe **-'a'**, *was aber nicht darauf schließen lässt, dass dies bei allen Einheiten oder auch umgekehrt mit* **-Hom** *funktioniert!*

loS cheb'a' ngI' vav-wI'.
vier cheb-groß wiegt Vater-mein
Mein Vater wiegt vier große cheb (81 kg).

Maßeinheiten

1 'uj	34.83 cm
1 'uj'a'	9 **'uj** = 313.47 cm
1 qelI'qam	ca. 2 km
1 loghqam	1,25 Lichtjahre
1 cheb	2,25 kg

1 cheb'a'	9 cheb = 20,25 kg
1 tlho'ren	ca. 1 Liter
1 morgh	27 Quadrat-uj = ca. 3,27 qm

Temperaturskala

Das Wort **SImyon** benennt die klingonische Temperaturskala und könnte mit „Grad" übersetzt werden. Es ist aber ein eigenständiger Begriff für die Skala. Man kann es also nicht kombinieren und in Ausdrücken wie „**SImyon** Celsius" verwenden, und man sagt auch nicht „Grad **SImyon**".

Der Überlieferung nach nahmen die Entwickler dieser Temperaturskala irrtümlich an, es gäbe keine tiefere Temperatur als den Gefrierpunkt von Stickstoff, und nahmen diesen dann als den Nullpunkt für ihre Skala an. Dieser liegt bei -210 °Celsius. Die 1000-Grad-Marke der Skala entspricht dem von einer bestimmten Sorte flüssiger Lava und liegt bei 937 °Celsius. Somit entspricht eine Stufe der Simyon-Skala ca. 1,147 Einheiten der Celsius-Skala.

Zur klingonischen Temperaturskala ist nicht viel bekannt. Man kann davon ausgehen, dass es genau wie auf der Erde verschiedene Systeme gibt. Die hier genannte ist also nur eine von vielen.

Über Temperaturen spricht man genauso wie über Längeneinheiten. Das erforderliche Verb lautet **gheH** *„eine Temperatur von ... haben".*

270 SImyon gheH pub-bogh bIQ.
270 Simyon Temperatur=haben kochen-welches Wasser
Kochendes Wasser hat eine Temperatur von 100 Grad

215 SImyon gheH porgh-wIj.
215 Simyon Temperatur=haben Körper-mein
Mein Körper hat eine Temperatur von 37 Grad.

Der Weltraum ... unendliche Weiten ...

Kurz-Knigge

Das in dieser Reihe übliche Kapitel „Kurz-Knigge“ wird hier wohl etwas anders ausfallen, denn man kann eine erfundene Sprache zwar sprechen, wird aber wohl nie auf einen Vertreter der erfundenen Kultur treffen. Auch sollte man nicht versuchen, sich wie ein Klingone zu benehmen. Die in den Filmen beschriebene Kultur enthält viele lobenswerte Elemente wie Ehre, Stolz und Pflichterfüllung, aber gleichzeitig sind Klingonen sehr direkt, mürrisch, misstrauisch und aggressiv, was in keiner Gesellschaft der Erde wirklich brauchbar oder akzeptabel ist.

Dennoch sollte man beim Sprechen der Sprache immer genau an diese Eigenschaften denken. Zu jeder Sprache gehört auch ihr kultureller Hintergrund. Auch beim Sprechen des Klingonischen kann man immer nur so überzeugend sein, wie man die Hintergründe der klingonischen Kultur kennt und versteht.

Das spiegelt sich schon in der Tatsache wider, dass es im Klingonischen kein Wort für „bitte“ gibt. Jetzt würde jeder höfliche Mensch verzweifelt versuchen, ein dafür passendes Wort dafür zu finden, was aber letztendlich nicht notwendig ist. Das klingonische **DaH yI-DIl** „Bezahle jetzt“ ist im Klingonischen nicht weniger höflich als das deutsche „Bitte bezahlen Sie jetzt“.

Klingonisch muss immer sehr kräftig und mit Stolz gesprochen werden. Auch sollte man bei der Betonung des Klingonischen darauf achten, es immer sehr deutlich zu sprechen. Dabei sollte man nicht übertreiben und wie ein Bär brüllen, aber auch der winselnde kleine Hamster bietet keine überzeugende klingonische Aussprache. Das deutliche Sprechen ist auch notwendig, weil viele Begriffe ähnlich klingen und eine undeutliche Aussprache schnell zu einem Missverständnis führt.

In der klingonischen Grammatik beziehen sich viele Formen darauf, ob jemand oder etwas der Sprache mächtig ist oder nicht. Eine falsche Silbe zu verwenden kann dadurch schnell ungewollt zu einer Beleidigung werden.

Die Art und das Verhalten der Klingonen spiegeln sich stark in ihrer Sprache wider, die äußerst kurz und prägnant gehalten ist. Es wird selten um den heißen Brei herum geredet, sondern man kommt direkt zum Punkt. Small Talk gibt es quasi überhaupt nicht, und auch keine Höflichkeitsfloskeln. Das ist schnell an der Kürze der entsprechenden Kapitel zu erkennen. Hierbei sollte man jedoch nicht den falschen Eindruck erhalten, Klingonen seien nicht höflich, denn Ehre und Respekt gehören zu den größten Idealen ihrer Gesellschaft. Es ist vielmehr so, dass sie einfach sehr direkt sind und genau das meinen, was sie sagen.

Das berühmte Bäuerchen

Nach vielen Jahren hält sich immer noch das hartnäckige Gerücht, dass Klingonen gerne und laut rülpsen, und sich zudem auch sonst gegenseitig sehr barbarisch und schroff behandeln. Letzteres ist eine Fehlinterpretation, da die Klingonen sehr direkt sind, und das nicht nur in ihrer Sprache. Wenn sie etwas wollen, dann nehmen sie es sich einfach, und schieben dabei gelegentlich auch jemanden zur Seite, der ihnen im Weg steht.

Die Sache mit dem lauten Rülpsen lässt sich ebenfalls erhellen: Wenn man alle Serien und alle Kinofilme genau unter die Lupe nimmt, stellt man fest, dass es insgesamt sage und schreibe genau zwei Szenen gab, in denen ein Klingone je gerülpst hat.

Die eine handelt von einem in Ungnade gefallenen alten klingonischen General mit einem großen Alkoholproblem. Er hatte offenbar keine Lust, sich mit einer romulanischen Botschafterin zu unterhalten, rülpste sie nur an und trank weiter. In der anderen Szene war die komplette Mannschaft von einem Virus befallen, so auch das klingonische Schiffsmitglied Worf. So saß er im Speisesaal beim Essen und rülpste dabei sehr laut. Auch hier ist der Grund nicht die klingonische Kultur, sondern dass die Crew von einem Virus infiziert war, und sich dadurch niemand mehr unter Kontrolle hatte. Das ist also ebenfalls kein

Vorzeigebeispiel für klingonisches Verhalten. Sollte man dennoch in eine solch unangenehme Situation kommen, sind die folgenden Sätze sicherlich von Nutzen:

jIH-vaD yI-ruq-Qo'!
ich-an/zu du[BEFEHL]-rülpsen-nicht
Rülps mich nicht an!

ruq-lu'-DI' vaj batlh-Ha' vang-lu'.
rülpsen-jemand-sobald dann ehrenhaft-un handelt-jemand
Rülpsen ist unehrenhaft.

yI-mev!
du[BEFEHL]-aufhören
Hör auf damit.

bI-ruq 'e' vI-tIv-be'.
du-rülpsen das ich:es-genießen-nicht
Ich mag das nicht, wenn du rülpst.

qatlh bI-ruq?
warum du-rülpsen
Warum rülpst du?

'oy'-'a' burgh-lIj?
schmerzen-[?] Magen-dein
Hast du Probleme mit dem Magen?

bI-pIv-'a'?
du-gesund-[?]
Geht es dir gut?

Namen und Anrede

Um jemanden anzusprechen, gibt es keine üblichen Begriffe wie „Hallo!" oder „Hey". Auch sollte man nicht versuchen, eine deutsche Floskel zu übersetzen. So würde man auf die Aussage **jI-tlhIj** („Ich entschuldige mich") oder **jI-QoS** („Es tut mir leid") einfach nur die Rückfrage erhalten: Wegen was denn? Die direkteste Art, Aufmerksamkeit zu erhalten, ist es, genau diese zu verlangen: zu einer einzelnen Person sagt man **yI-qIm** („Pass auf!"), zu einer Gruppe verwendet man die passende Vorsilbe und sagt: **pe-qIm** („Passt auf!")

Namen können genau wie im Deutschen in einem Satz verwendet werden, dasselbe gilt für (Dienst-)Ränge und Berufsbezeichnungen. Dabei ist die Stellung im Satz nicht relevant, solange es nicht zweideutig wird.

janluq, HI-tlhej.
Jean-Luc, du:mich[BEFEHL]-begleiten
Jean-Luc, komm mit!

Da-yaj-'a', qaH?
du:es-verstehen-[?], Sir
Verstehen Sie das, Sir?

Im Übrigen gibt es im Klingonischen keine Höflichkeitsform in der Anrede. Dabei wäre es aber falsch zu sagen, dass man sich duzt, denn der

Unterschied zwischen Duzen und Siezen ist einfach nicht bekannt. Je nach Situation wird (auch in diesem Buch) in der deutschen Übersetzung das Sie oder das Du gewählt.

Zusätzlich ist jedoch die Nachsilbe **-neS** zu erwähnen, die in Situationen besonderer Verehrung oder auch Unterwürfigkeit verwendet wird, wenn man zu einem Höhergestellten spricht. Diese Nachsilbe ist nicht mit dem Siezen zu vergleichen, sondern wäre zu übersetzen mit „Eure Hoheit“ oder „Euer Ehren“. Die Silbe sollte nur in wirklich wichtigen Situationen verwendet werden.

HI-tlhej-neS.
du:mich[BEFEHL]-begleiten-ehrvoll
Seid bitte so gnädig, mich zu begleiten, euer Ehren.

paq-vam qa-nob-neS.
Buch-dies ich:dich-geben-ehrvoll
Ich gebe euch dieses Buch, eure Hoheit.

Begrüßen und Verabschieden

Das Thema Begrüßung und Abschied ist schnell erledigt, denn es gibt keine. Dennoch gibt es zwei Wörter, die man auf jeden Fall kennen sollte. Das erste lautet **nuqneH** und heißt wörtlich übersetzt „was willst du?“ Man erkennt gleich, dass dies kein Gruß ist, sondern eine sehr direkte Aufforderung, sein Anliegen zu äußern. Keineswegs darf man darauf also mit **nuqneH** antworten, denn das ergäbe überhaupt keinen Sinn.

Eines der bekanntesten Wörter ist auch das Wort **Qapla'**, das wörtlich „Erfolg“ heißt. Irrtümlich glauben viele, dass dies als Abschied zu verwenden sei, aber dem ist nicht so. Offensichtlich liegt das daran, dass man in den Filmen und Serien häufig beobachtet hat, dass dieser Ausruf zur Verabschiedung verwendet wurde. Das war aber auch dort nicht als Abschiedsgruß zu verstehen, sondern man wünscht den anderen viel Erfolg bei dem, was sie vorhaben. Auch wenn die Bedeutung ursprünglich eine ganz andere ist, wird das Wort **Qapla'** – in Ermangelung einer geeigneten Alternative – inzwischen trotzdem sogar von erfahrenen Klingonisten zum Abschied verwendet.

Bei dieser Verabschiedung beobachtet man gelegentlich auch eine Bewegung: Man schlägt mit der rechten flachen Hand von vorne auf die eigene linke Schulter. Direkt im Anschluss schließt sich die Hand zu einer Faust und bleibt kurz auf Höhe der Schulter stehen. In diesem Moment kann man (muss man aber nicht) laut und kräftig **Qapla'!** *sagen.*

Eine sehr beliebte Geste, die vor allem unter Freunden praktiziert wird, ist das Aneinanderknallen mit der Stirn. Dafür gibt es sogar ein eigenes Wort: **paw'**. Diese Sitte sollte man als Mensch jedoch besser vermeiden, außer man trägt eine gut gepolsterte Maske.

Floskeln und Redewendungen

Mit einem Smartphone können Sie sich die Sätze dieses Kapitels anhören. Scannen Sie einfach den QR-Code mit Hilfe einer kostenlosen App (z. B. „Barcoo" oder „Scanlife").

Während die klingonische Sprache als sehr direkt und schroff gilt, enthält sie erstaunlicherweise viele blumige Redewendungen. Um diese richtig zu verstehen, bedarf es eines tiefgehenden Studiums der klingonischen Kultur. Die folgenden Begriffe dienen nur dem einfachen Einstieg und sind in den seltensten Fällen eine wörtliche Übersetzung. Der Grund dafür ist, dass Klingonisch häufig komplett anders aufgebaut ist, und auch viele Redewendungen einfach nicht existieren.

Diese Beispielsätze können in der jeweilige Situation von Nutzen sein, jedoch sollte man keineswegs Wörter austauschen, ohne dass man sich der Konsequenzen der Bedeutungsänderung bewusst ist.

HI-bel-moH.
du:mich[BEFEHL]-vergnügt-machen
Bitte (um etwas bitten) ...

qay'-be'.
Problem=sein-nicht
Bitte sehr (gern geschehen).

qa-tlho'.
ich:dich-danken
Danke.

jI-tlho' je.
ich-danken auch
Danke gleichfalls.

nuq-neH?
was-wollen
Was willst du?
(Guten Tag! / Hallo!)

bI-pIv-'a'?
du-gesund=sein-[?]
Wie geht es Ihnen?

Do'-Ha', jI-pIv-be'.
glücklich-un, ich-gesund=sein-nicht
Leider schlecht.

jI-mej.
ich-weggehen
Tschüss!

maj.
gut
In Ordnung!

yI-Sop.
du[BEFEHL]-esssen
Guten Appetit!

jI-tlhIj!
ich-entschuldige
Entschuldigung!

HI-QaH!
du:mich[BEFEHL]-helfen
Bitte helfen Sie mir!

pe'vIl bI-paw'-jaj.
kräftig du-kopfstoßen-mögest
Herzlich willkommen!

qa-tlho', jI-pIv.
ich:dich-danken, ich-gesund=sein
Danke gut.

Qapla'!
Erfolg
Viel Erfolg!
(Auf Wiedersehen!)

jI-Sov-be'.
ich-wissen-nicht
Ich weiß nicht.

'Iw-lIj jach-jaj.
Blut-dein schreien-mögen
Zum Wohl! Prost!

jI-QoS.
ich-bedauern
Es tut mir sehr leid!

yI-qIm!
du[BEFEHL]-aufpassen
Hallo, Sie da!

Bitten, Danken, Wünschen

Mit einem Smartphone können Sie sich die Sätze dieses Kapitels anhören.

Immer wieder wird das Gerücht wiederholt, Klingonen hätten kein Wort für „bitte“ oder „danke“. Im Grunde ist dies schon richtig, in dem Sinne, dass sie diese Begriffe so gut wie nie verwenden. Wie schon gesagt: Klingonisch ist sehr direkt, aber nicht unhöflich. Obwohl es keine direkt definierten Begriffe für solche Floskeln gibt, existieren dennoch die notwendigen Wörter, um diese Ideen auszudrücken. Die Faustregel ist: wenn es unbedingt sein muss, kann man diese Wörter gerne verwenden. Dabei sollte man es jedoch nicht übertreiben: Wenn jemand die Tür aufhält, schuldet man ihm keinen Dank, einem Lebensretter dagegen eventuell schon. Das Verb **tlho'** „dankbar sein“ kann mit jeder geeigneten Vorsilbe verwendet werden.

Das Wort **tlho'** *enthält den sehr schwierigen Anfangslaut* **tlh.** *Um es sich hier zu vereinfachen spricht man das Wort* **qatlho'** *als KAD-LO aus.*

jI-tlho'.
ich-dankbar
Ich bin dankbar.

qa-tlho'.
ich:dich-danken
Ich danke dir.

Jemanden um etwas zu bitten, ist eigentlich ganz einfach. Jede Art der Bitte wird einfach als Befehl ausgedrückt. Das wird nicht als unhöflich betrachtet.

paq HI-nob.
Buch du:mich[Befehl]-geben
Gib mir das Buch.

Eine eher unübliche Redewendung kommt in der klingonischen Übersetzung von „Der Kleine Prinz" vor, als dieser um die Zeichnung eines Schafes bittet. Wörtlich heißt der Ausdruck so viel wie „tu mir den Gefallen" oder „erfreue mich".

HI-bel-moH. DI'raq yI-wev.
du:mich[BEFEHL]-vergnügt-machen. Schaf du:es[BEFEHL]-zeichnen
Bitte, zeichne mir ein Schaf!

Um einen Wunsch auszudrücken, verwendet man wieder eine Nachsilbe. Diese lautet **-jaj** und gehört in die Gruppe 9, kommt also immer an das Ende des Verbes.

bI-ghoj-jaj.
du-lernen-Wunsch
Mögest du lernen.

bI-Qap-jaj.
du-erfolgreich=sein-Wunsch
Mögest du erfolgreich sein.

Mögest du erfolgreich sein.

Das erste Gespräch

nuq-neH?
was-wollen
Was willst du?

yI-lIH-'egh.
du[BEFEHL]-vorstellen-selbst
Bitte stell dich vor.

nuq 'oH pong-lIj-'e'?
was es(ist) Name-dein-der
Wie ist dein Name?

... 'oH pong-wIj-'e'.
... es(ist) Name-mein-der
Mein Name ist ...

veng Da-Dab yI-ngu'.
Stadt du:es-bewohnen du:es[BEFEHL]-identifizieren
Wo wohnst du?

Mit einem Smartphone können Sie sich die Sätze dieses Kapitels anhören.

bI-Saw-ta'-'a'?
du-heiraten-erledigt-[?]
Bist du (m) verheiratet?

bI-nay-ta'-'a'?
du-heiraten-erledigt-[?]
Bist du (w) verheiratet?

puq Da-ghaj-'a'?
Kind du:es-haben-[?]
Hast du Kinder?

Qu'-lIj yI-ngu'.
Aufgabe-dein du:es[BEFEHL]-identifizieren
Was ist dein Job?

Liste von Berufen

Die Nachsilbe **-wI'** bedeutet „jemand, der etwas macht" und kann an jedes Verb angehängt werden. Handwerkliche Berufe verwenden das Verb **mutlh,** was „zusammensetzen" bedeutet. Es gibt noch viele mehr, hier nur eine kleine Auswahl:

beb mutlh-wI'	Dachdecker
bom-wI'	Sänger
chelwI'	Buchhalter (ugs.)
chIj-wI'	Navigator
chut qeSwI'	Anwalt
Degh-wI'	Steuermann
DIj-wI'	Maler
ghan'Iq yaS	Polizist
ghenraq ra'-wI'	Dirigent
HaqwI'	Chirurg
HoD	Captain
majyang mutlh-wI'	Fliesenleger
mech-wI'	Händler
ngev-wI'	Verkäufer
ngogh mutlh-wI'	Maurer
Qel	Arzt
qon-wI'	Komponist
ren-wI'	Architekt
SeD-wI'	Fahrer
vel-wI'	Bodenleger
vutwI'	Koch
wev-wI'	Zeichner
wIj-wI'	Landwirt
'och mutlh-wI'	Installateur
'oDwI'	Schlichter, Mediator
'or-wI'	Pilot
'ul pat mutlh-wI'	Elektriker

mu-bel-moH puH Duj-lIj.
es:mich-erfreut-machen Land Fahrzeug-dein
Dein Auto gefällt mir.

tach-Daq ma-ghom.
Bar-in wir-treffen
Wir treffen uns in der Bar.

tugh ma-jatlh-qa' 'e' vI-tul.
bald wir-sprechen-wieder das ich:es-hoffen
Wir unterhalten uns bald wieder.

maj ram.
Gut. Nacht
Einen schönen Abend noch.

Zu Gast sein

Vermutlich war noch nie ein Mensch zuvor bei Klingonen zu Hause eingeladen. Dann besucht man vielleicht gleichgesinnte Erdlinge.

'IH-qu' juH-lIj.
schön=sein-sehr Haus-dein
Dein Haus ist sehr schön.

nuqDaq 'oH puch-pa'-'e'?
was-Ort es(ist) Toilette-Raum-der
Wo ist die Toilette?

'uQ-vam vI-tIv-pu'.
Abendessen-dieses ich:es-genießen-abgeschlossen
Ich habe dieses Abendessen sehr genossen.

Verwandtschaft

Bei den Familienbegriffen im Klingonischen erkennt man sich wiederholende Teile in den Wörtern, aus denen man die Bedeutung manchmal ablesen kann. Diese kann man jedoch nicht wörtlich nehmen oder als alleinstehenden Begriff interpretieren. Zwei Wörter, die häufig wiederkehren, sind **be'** *Frau* und **loD** *Mann*. Die beiden Wörter **be'nI'** und **loDnI'** bedeuten entsprechend *Schwester* und *Bruder*. Die Silbe **nI'** kehrt wieder bei **vavnI'** und **SoSnI'**, die *Großvater* und *Großmutter* bedeuten. Ob es hier einen Zusammenhang mit dem Verb **nI'** (lang sein, zeitlich) gibt, ist nicht bekannt.

SoS	Mutter
vav	Vater
puq	Kind
puqbe'	Tochter
puqloD	Sohn
SoSnI'	Großmutter
vav	Großvater
be'nI'	Schwester
loDnI'	Bruder

Essenszeit – zu Tisch!

'IrneH	Onkel, Bruder der Mutter
me'nal	Tante, Ehefrau des **'IrneH**
me'	Tante, Schwester der Mutter
'IrneHnal	Onkel, Ehemann der **me'**
tennuS	Onkel, Bruder des Vaters
'e'mamnal	Tante, Ehefrau des **tennuS**
'e'mam	Tante, Schwester des Vaters
tennuSnal	Onkel, Ehemann der **'e'mam**
tey'	Kind von **tennuS** oder **me'**
lor	Kind von **'e'mam** oder **'IrneH**

Begriffe, die die entfernte Verwandtschaft bezeichnen, werden schnell kompliziert, denn sie sind davon abhängig, wer von ihnen spricht, und ob es der Cousin väterlicherseits oder mütterlicherseits ist.

tey' ist das Kind der Schwester deiner Mutter, oder das Kind des Bruders deines Vaters. Zur Unterscheidung des Geschlechts kann man **tey'be'** *Cousine* und **tey'loD** *Cousin* sagen. **lor** ist das Kind des Bruders deiner Mutter, oder das Kind der Schwester deines Vaters. Zur Unterscheidung des Geschlechts kann man **lorbe'** *Cousine* und **lorloD** *Cousin* sagen.

Die Wörter **tey'** und **lor** können auch für *Nichte* bzw. *Neffe* verwendet werden. Die Erklärung dazu ist aber so verwirrend, dass sie hier bewusst weg gelassen wird. Stattdessen ist es gerade für Anfänger ratsam, einfach die Familien-Verhältnisse zu umschreiben, zum Beispiel mit **loDnI' puqloD** *Sohn meines Bruders* oder **'IrneH puqbe'** *Tochter des Onkels* usw.

Auf den ersten Blick ist dies kompliziert, aber es ist sehr logisch aufgebaut. Die Silbe **nal** deutet immer darauf hin, dass jemand in die Familie eingeheiratet hat. Das Wort **'e'nal** kann man für jeden verwenden, der in die Familie eingeheiratet hat.

Unterwegs

Auf die Frage, wo man denn jemals Klingonisch verwenden könne, wenn doch die Klingonen reine Fiktion sind, gibt es eine einfache und deutliche Antwort: Auf Science-Fiction-Conventions und Sprachkursen. Hier wird man überrascht sein, wieviele Gleichgesinnte doch noch ein paar Brocken Klingonisch beherrschen, obwohl sie nicht gleich als Trekkie zu erkennen sind.

Mit einem Smartphone können Sie sich die Sätze dieses Kapitels anhören.

nuqDaq lup-wI' mIr vI-tIj?
wo transportieren-er Kette ich:es-einsteigen
Wo komme ich zum Bahnhof?

ra'-wI' lup-wI' yI-Sam!
befehlen-er transportieren-er du[Befehl]-finden
Rufen Sie mir ein Taxi!

qam Do Duj-lI HI-nob!
Fuß Geschwindigkeit Fahrzeug-dein du:mich[Befehl]-geben
Gib mir dein Fahrrad!

qa-tlhej 'e' Da-chaw'-'a'?
ich:dich-begleiten das du:es-erlauben-[?]
Darf ich dich begleiten?

veng botlh-Daq cho-Dor-qang-'a'?
Stadt Mitte-in du:mich-begleiten-willig-[?]
Würdest du mich ins Stadtzentrum begleiten?

nuqDaq Duj-wIj vI-vergh-laH?
wo Fahrzeug-mein ich:es-parken-können-[?]
Wo kann ich mein Auto parken?

Tiere und Haustiere

Es existiert ein reichlich großer Satz an Vokabeln, um über Haustiere und auch andere Tiere zu sprechen. Das beginnt schon mit dem Wort **Saj** für *Haustier*. Das ist nicht verwunderlich, denn schon in *Star Trek III: Auf der Suche nach Mr. Spock* hatte der klingonische Commander ein Haustier auf seiner Brücke, welches irgendwie einem reptilienartigen Hund ähnelte und laut Drehbuch „halb Wolf, halb Echse" sein sollte. Dieses Tier wurde nie beim Namen genannt, aber das Erscheinen des Wortes **Qogh** im offiziellen Wörterbuch und auch in *Power Klingon* lässt darauf schließen, dass es dieses Tier sein könnte.

Auch in der Folge *Der Reisende* von *Star Trek: The Next Generation* erwähnt Worf, er habe einen „Targ" als Haustier gehabt. Dieses Tier ähnelt am meisten einem Schwein und ist daher sowohl als Haustier als auch als Speise bekannt. Das Wort **targh** wird daher von vielen Klingonisten gerne als Ersatz für *Hund* verwendet, wobei manche davon abraten, da es eben kein Hund ist und auch kein Wort für „Hund" bekannt ist. Daher steht jedem frei, dieses Wort zu verwenden, oder einfach zu aller Klarheit das deutsche Wort einzusetzen.

Da die klingonischen Vokabeln auch heute noch immer so erschaffen werden, dass sie für die fiktive Welt der Klingonen funktionieren, sollte man daher immer im Hinterkopf behalten, dass diese, bis auf wenige Ausnahmen wie **'e'levan** für *Elefant*, streng genommen keine irdischen Tiere beschreiben. Die Definition für **vIghro'** lautet daher „katzenähnliches Tier", genauso wie der **jentu'** ein „flugunfähiger Wasservogel" ist. Die Grundregel dabei ist, dass man zur Unterscheidung immer das Wort **tera'** *Erde* anfügen sollte. Um also einen irdischen Pinguin zu beschreiben, sagt man **tera' jentu'**. Genauso verhält es sich mit dem „flauschigen Tier", welches mit dem Zusatz dann als Schaf zu erkennen ist: **tera' DI'raq**.

Letztendlich kann man diese Zusätze aber weglassen, wenn deutlich ist, von was man spricht, und auch der Übersicht wegen werden diese im Folgenden weggelassen.

Ha'DIbaH	Tier
vIghro'	Katze
targh	Targ
'e'levan	Elefant
Sargh	Pferd (Sark)
mIl'oD	Bär
tangqa'	Bulle
bo'Degh	Vogel
toQ	Raubvogel, Adler
jentu'	Pinguin
qItbe'	Perlhuhn
ghotI'	Fisch
bIQDep	Wassertier

norgh	Hai
la'SIv	Schildkröte
ghew	Käfer, Insekt
'obray'wal	Skorpion
voDchuch	Spinne
ghargh	Wurm, Schlange
lung	Echse
'evta'	Eidechse, Salamander

Da man Tiere auch essen kann, wird das Wort nicht unterschieden: **Ha'DIbaH** bedeutet auch „Fleisch". Wenn man von Fleisch aus anatomischer Sicht spricht, dann ist das Wort **'oynot**.

Tiergeräusche

Es gibt ein paar Wörter, mit denen man Tiergeräusche lautmalerisch umschreiben kann, so wie man z. B. sagt „Die Katze macht miau". Das Geräusch, das eine Katze macht, lautet **'Imyagh**. Das Geräusch eines Hundes (also eigentlich das eines Targs) ist **welwelwel**, wobei die Anzahl der Silben nach Belieben verändert werden kann. Sinngemäß also: wuff-wuff!

Das passende Verb dazu lautet **ghugh** und bedeutet „einen Ton erzeugen". Es wird dabei nur bei Tieren verwendet, nicht bei Menschen. Zusätzlich gibt es noch die Verben **ghughugh** für „knurren" und **Qoghogh** für „grunzen".

In der Schule

Nun gut, um ehrlich zu sein, wird man selten in der Schule Klingonisch sprechen, obwohl auch dies schon mindestens einmal während einer Projektwoche an einem hessischen Gymnasium angeboten wurde. Auch an deutschen und Schweizer Volkshochschulen hat es schon Klingonischkurse gegeben. Hauptsächlich gilt dieses Kapitel für den Besuch des **qep-Hom**, des jährlich stattfindenden Klingonischkurses in Saarbrücken.

Das Wort **qep-Hom** besteht aus dem Hauptwort **qep** *Treffen* und der Verkleinerungssilbe **-Hom**. Dieser Name war in Anlehnung an das **qep-'a'** entstanden, welches das Jahrestreffen des US-amerikanischen Klingonisch-Instituts ist und daher mit der Vergrößerungssilbe **-'a'** sinngemäß als „Haupttreffen" zu übersetzen ist. Mit eigentlicher Größe haben die Silben **-'a'** und **-Hom** jedoch nicht immer etwas zu tun, was man daran sieht, dass das *„kleine Treffen"* nach einigen Jahren viel größer und auch bedeutsamer als das *„große Treffen"* in den USA geworden ist.

Bezüglich der nachfolgenden Sätze sei wiederholt darauf hingewiesen, dass es im Klingonischen keine Höflichkeitsform gibt. Zum besseren Verständnis sind die Übersetzungen dennoch so formuliert, wie man es im Deutschen erwarten würde.

qep-Hom in Saarbrücken

... was der Lehrer sagt

yI-laD!
du[BEFEHL]-lesen
Lies!

pe-qIm!
ihr[BEFEHL]-aufpassen
Passt auf!

pe-tam-choH!
ihr[BEFEHL]-ruhig-werden
Seid alle ruhig!

bI-yaj-'a'?
du-verstehen-[?]
Verstehst du?

yI-jatlh!
du[BEFEHL]-sprechen
Sprich.

... HI-nob.
... du:es[BEFEHL]-geben
Gib mir ...

paq yI-tlhap.
Buch du:es[BEFEHL]-nehmen
Nimm das Buch.

yI-ghItlh.
du:es[BEFEHL]-schreiben
Schreib es.

In der Schule

Die Ausdrücke **maj** *„Gut"* und **majQa'** *„Gut gemacht"* sind Ausrufe, die nur für sich selbst stehen und nicht mit anderen Wörtern kombiniert werden. Wenn man also **maj** sagt, heißt das „gut" im Sinne eines Lobes. Man würde es aber nicht in einem Satz wie *„das Essen ist gut."* verwenden.

... was der Schüler sagt

jI-yaj-be'.
ich-verstehen-nicht
Ich verstehe nicht.

ma-yaj-be'.
wir-verstehen-nicht
Wir verstehen nicht.

jI-Sov-be'.
ich-wissen-nicht
Ich weiß es nicht.

jI-ghel vI-neH.
ich-fragen ich:es-wollen
Ich möchte etwas fragen.

chay' mu'-vam vI-jatlh?
wie Wort-dies ich:es-sprechen
Wie spreche ich dieses Wort aus?

chay' mu'-vam vI-ghItlh?
wie Wort-dies ich:es-schreiben
Wie schreibe ich dieses Wort?

yI-QIj.
du[BEFEHL]-erklären
Erklären Sie.

QIt yI-jatlh.
langsam du[BEFEHL]-sprechen
Bitte sprechen Sie langsam.

chay' pIm?
wie anders-sein
Was ist der Unterschied?

yI-jatlh-qa'.
du[BEFEHL]-sprechen-wiederholt
Wiederholen Sie bitte.

Übernachten

In den Filmen und Serien bekommt man eigentlich nie einen Hinweis, wie man auf der klingonischen Heimatwelt Urlaub machen würde, oder erst recht nicht, wie ein Hotel dort aussehen würde. Auf dem Audiosprachkurs *Conversational Klingon* (Audiosprachkurs Klingonisch, Heel, siehe Literaturliste) hingegen wird ein kleiner Hinweis gegeben: Das Personal erscheine recht unhöflich und die Betten seien hart.

Das erkennt man gleich am Wort für „Hotel“, denn es gibt keins. Der dafür verwendete Begriff **mebpa'mey** ist aus den Wörtern **meb** *Gast*, **pa'** *Zimmer* und der Mehrzahl-Nachsilbe **-mey** zusammengesetzt. Somit übersetzt sich das Wort für Hotel wörtlich mit „Gästezimmer“.

Zum Glück ist das Personal auf einer Convention an außerirdisch anmutende Besucher gewöhnt und tritt sogar einem als Klingonen maskierten Gast stets höflich gegenüber. Da ist es als Gast sehr wichtig, dass man sich nicht auf die für Klingonen typische direkte Art verhält, denn das kommt nicht so gut an und kann schnell falsch verstanden werden. Es ist ja von den Klingonen bekannt, dass sie sehr direkt in Ihrer Art sind. Sie fragen nicht, bevor sie etwas nehmen, und sie kommen direkt auf den Punkt. Das erkennt man auch am reduzierten Aufbau der Sprache und daran, dass es keine alltägliche Höflichkeitsform gibt.

Während der wohlerzogene Deutsche sich mit einem „Entschuldigung, darf ich mal ... ?" an einer Menschengruppe vorbeizwängt, würde ein Klingone einfach kommentarlos hindurchgehen.

Die Damen oder Herren an der Rezeption auf Klingonisch zu begrüßen, das sollten Sie jedoch mindestens einmal probiert haben. Sollte man Ihnen darauf nicht passend antworten können, lassen Sie gleich ein Exemplar dieses Sprachführers liegen!

nuq-neH? Was willst du?

QongDaq	Bett
tlhIm	Laken
pa'	Zimmer
puch	Toilette (Schüssel)
puchpa'	Toilette (Raum)
bIQ ghay'wI'	Dusche
bIQ ghay'wI' pa'	Duschraum
bIQ	Wasser
tuj	heiß, warm
bIr	kalt
chIm	frei
buy'	voll
ngogh tun	Kissen
QongDaq buq'a'	Schlafsack
vutpa'	Küche
Soj polmeH pa'	Speisekammer

pa' chIm Da-ghaj-'a'?
Zimmer leer du:es-haben-[?]
Haben Sie ein Zimmer frei?

nuqDaq 'oH puch-pa'-'e'?
was-Ort es(ist) Toilette-Raum-der
Wo ist die Toilette?

wa' ghot pa' vI-neH.
eins Person Zimmer ich:es-wollen
Ich möchte ein Einzelzimmer.

chang'eng pa' vI-neH.
Paar Zimmer ich:es-wollen
Ich möchte ein Doppelzimmer.

bIQ tuj tu'-lu'-'a'?
Wasser heiß entdecken-man-[?]
Gibt es warmes Wasser?

pa' vI-legh 'e' Da-chaw'-'a'?
Zimmer ich:es-sehen das du:es erlauben-[?]
Könnte ich das Zimmer mal sehen?

pa'-wIj-vo' bIQ HeH vI-legh vI-neH.
Zimmer-mein-von Wasser Rand ich:es-sehen ich:es-wollen
Ich möchte ein Zimmer mit Blick auf den Strand.

Essen und Trinken

jI-ghung.
ich-hungrig=sein
Ich habe Hunger.

jI-'oj.
ich-durstig=sein
Ich habe Durst.

Doch-vam vI-Sop-laH-be'.
Sache-dies ich:es-essen-können-nicht
Das kann ich nicht essen.

HIDjolev HI-nob.
Speisekarte du:mir[BEFEHL]-geben
Geben Sie mir bitte die Speisekarte.

bIQ yI-qem je.
Wasser du:es[BEFEHL]-bringen
Würden Sie mir bitte auch Wasser bringen?

ghung	hungrig sein
ghung-Ha'	satt sein
'oj	durstig sein
'oj-Ha'	undurstig sein
Sop	essen
Soj	Essen, Nahrung, Getränk
tlhutlh	trinken
'ep	Suppe essen
nIQ	Frühstück
megh	Mittagessen
'uQ	Abendessen
ghem	Mitternachts-Essen
tach	Kneipe, Bar
Qe'	Restaurant
Do Qe'	Schnell-Restaurant

pItSa' chab

Speisen

Ha'DIbaH	Fleisch
naH	Gemüse
tIr ngogh	Brot
wIlpuq	Pudding
ghevI'	Bratensoße
qettlhup	rote Soße
pItSa' chab	Pizza
chab	Kuchen
chabHom	Keks
wornagh	dunkles Bier
HIq	Wein, Schnaps
'awje'	Malzbier
bIQ	Wasser
qa'vIn	Kaffee
Su'ghar	Zucker

Okay, „Guten Appetit" für **yI-Sop** *ist sicherlich keine wörtliche Übersetzung.* **yI-Sop** *sagt einfach nur „Iss!". Das kommt einfach daher, dass man in der klingonischen Sprache keine unnötigen Floskeln verwendet, sondern direkt sagt, was man denkt.*

yI-Sop.
du:es[BEFEHL]-essen
Guten Appetit.

Gegenstände am Tisch

'elpI'	Servierteller
jengva'	Teller (Einzahl)
ngop	Teller (Mehrzahl)
Duq	kleine Schüssel
taj	Messer
puq chonnaQ	Gabel
baghneQ	Löffel
HIvje'	Glas, Becher
Say'	sauber
lam	schmutzig

Nicht verwechseln: Die Nachsilbe **-wI'** *bedeutet „jemand, der etwas macht", so wie* **vut-wI'** *„jemand, der kocht". An dem Wort* **jup-wI'** *ist es jedoch ein besitzanzeigendes Wort, dort heißt es „mein Freund".*

ghogh'ot	Rechnung
jI-DIl vI-neH	Ich will bezahlen.
jab-wI'	Kellner, Ober (in vornehmen Restaurants)
teb-wI'	Kellner (nur in Gaststätten zu verwenden)
vut-wI'	Koch
jup-wI'	mein Freund (sollte man nur zu echten Freunden sagen, oder ironisch)

Kaufen und Handeln

Um die Bezeichnung für ein bestimmtes Fachgeschäft zu formulieren, sagt man zuerst das Hauptwort dessen, was man kaufen möchte, gefolgt von dem Wort **ngev-wI'** (Verkäufer). Damit erzeugt man zwar nicht unbedingt immer das richtige Wort für das jeweilige Geschäft, aber Ihr Gegenüber wird sofort wissen, was gemeint ist. Dabei ist zu beachten, dass es immer nur den Verkäufer bezeichnet, nicht den Beruf.

tIr ngogh ngevwI'	Bäckerei
Ha'DIbaH ngevwI'	Metzgerei
Hergh ngevwI'	Apotheke
waq ngevwI'	Schuhgeschäft
Sut ngevwI'	Kleidergeschäft
QIn tum qach	Postamt
paq nojwI'	Bibliothek

tlhIm-vam vI-je' vI-neH-be'.
Teppich-dies ich:ihn-kaufen ich:es-wollen-nicht
Ich möchte diesen Teppich nicht kaufen.

Doch-vam DIl-meH Huch 'ar Da-neH?
Sache-dies bezahlen-um=zu Geld wie=viel du:es wollen
Was kostet das?

tlhoy wagh.
zuviel teuer
Das ist zu teuer.

Filme und Fernsehen

Die hier genannten Bezeichnungen basieren auf dem bekannten Wortschatz und werden daher von jedem verstanden, auch wenn sie nicht als kanonisch gelten.

Es ist nicht sehr überraschend, dass die meisten Schüler der klingonischen Sprache gleichzeitig auch große Fans von *Star Trek* und Science Fiction sind. Daher wird man bei der ersten Begegnung mit einem Trekkie zwangsläufig schnell zu diesem Thema kommen. Um sich entsprechend austauschen zu können, muss man auch das passende Vokabular parat haben. Der Ausdruck **Hov leng** für *Star Trek*, der wörtlich „Sternen-Reise“ bedeutet, ist ein offizieller klingonischer Begriff.

Die Filme

Hov leng: much'a'	Star Trek: Der Film
Hov leng 2: qan QeH	Star Trek II: Der Zorn des Khan
Hov leng 3: SIpoq lunej	Star Trek III: Auf der Suche nach Mr. Spock
Hov leng 4: juH leng	Star Trek IV: Zurück in die Gegenwart
Hov leng 5: veH Qav	Star Trek V: Am Rande des Universums
Hov leng 6: Sep tu'be'lu'bogh	Star Trek VI: Das unentdeckte Land
Hov leng: puq poHmey	Star Trek: Treffen der Generationen
Hov leng: ghom'a' wa'DIch	Star Trek: Der erste Kontakt
Hov leng: QuD	Star Trek: Der Aufstand
Hov leng: jagh'a'	Star Trek: Nemesis
Hov leng (2009)	Star Trek: Star Trek (2009)
Hov leng Hurgh	Star Trek: Into Darkness
Hov leng Hay	Star Trek: Beyond

Die TV-Serien

Hov leng	Star Trek
Hov leng wevlu'bogh	Star Trek (Zeichentrick)
Hov leng: puq poH veb	Star Trek: Das nächste Jahrhundert
Hov leng: logh Hop Hut tengchaH	Star Trek: Deep Space Nine
Hov leng: vo'yajer	Star Trek: Voyager
Hov leng: 'entepray'	Star Trek: Enterprise
Hov leng: DISqa'vI'rIy	Star Trek: Discovery

Andere Science-Fiction-Filme

baqwI'	Terminator
Hov lojmIt'a'	Stargate
Hov veS	Star Wars
nov	Alien
qIb 'avwI'pu'	Guardians of the Galaxy
tlhab jaj	Independence Day
tuch cheghlu'	Zurück in die Zukunft

Weitere wichtige Begriffe zum Thema

HaSta much	Film
ja'bogh much	Dokumentarfilm
lut mIr	Serie
malja' qeS	Werbung
much qach	Kino
mughbogh permey	Untertitel
peS	bereitstellen, verbreiten (z.B. online)
peSwI'	Sender (Provider, Anbieter)

Schauen Sie auch in das Kapitel „Computer“ für die verschiedenen technischen Geräte, auf denen man sich diese Medien anschauen kann.

Behörden, Bank und Geld

yu'muD-vam yI-naQ-moH.
Formblatt-dieses du:es[BEFEHL]-voll-machen
Bitte füllen Sie dieses Formblatt aus.

toqwIn vI-Dut 'e' vI-tIv.
Stempel ich:ihn-niederdrücke das ich:es-genießen
Ich liebe es, zu stempeln.

ghogh'ot vI-DIl-nIS.
Rechnung ich:sie-bezahlen-müssen
Ich muss die Rechnung bezahlen.

Ha'on vev-wI' vI-ngaH.
Heftklammer einfügen-er ich:ihn-zusammendrücken
Ich drücke den Hefter zusammen.

nav vaH vI-poQ.
Papier Hülle ich:es-benötigen
Ich benötige einen Briefumschlag.

Huch	Geld
Huch nav	Geldschein
Huch jengva'	Münze
Huch ngop	Münzen (Mz.)
beylI'	Bank
ghogh'ot	Rechnung
qav'ap	Miete, Rate
DIl	bezahlen
voHDajbo'	Lösegeld

Computer und Internet

Obwohl man annehmen könnte, dass eine Sprache, die für eine hochtechnisierte Gesellschaft aus der Zukunft erschaffen wurde, einen ausreichenden Wortschatz für Computertechnik enthält, sind die Informationen darüber recht karg. Das liegt sicherlich daran, dass die Klingonen in den Filmen und Serien in der Regel nur beim Kampf zu sehen sind, und nicht beim Aussortieren ihrer E-Mails.

Computertechnik

nItlh 'echlet	Tastatur
De'wI'	Computer
ghogh HablI'	Telefon
SoSbor	Mainboard
'eQway'	Maus
'eQway' 'echlet	Mauspad
HaSta	Anzeige, Display
jIH	Monitor, Bildschirm
nIqHom	Software
leQ	Schalter
poS leQ	linke Maustaste
nIH leQ	rechte Maustaste
'echlet Hab	Touchpad

nuqDaq De'wI' vI-lo'-laH?
was-Ort Computer ich:es-benutzen-können
Wo kann ich einen Computer benutzen?

'Internet vI-lo' vI-neH.
Internet ich:es-benutzen ich:es-wollen
Ich möchte das Internet benutzen.

chay' nIqHom-vam vI-chu'-laH?
wie Programm-dieses ich:es-aktivieren-können
Wie kann ich dieses Programm öffnen?

Die folgende Aufstellung von Verben ist eher als Vorschlag zu verstehen und mit Vorsicht zu verwenden. Es wird damit zwar kein kulturelles Tabu gebrochen, aber letztendlich wissen wir nicht genau, ob man im Klingonischen eine Datei wirklich „öffnen“ und „schließen“ kann.

poSmoH	öffnen
SoQmoH	schließen
qIl	abbrechen
choH	bearbeiten
vIHmoH	verschieben
veb	nächstes
vorgh	vorheriges
ghItlh	drucken
bup	abbrechen
pol	speichern
pong 'ej pol	speichern unter ...
pe'	ausschneiden
woH	kopieren
roQ	einfügen

Krank sein

Aus der einzigen Fernsehfolge, in der man einen kranken Klingonen gesehen hat, haben wir erfahren, dass Klingonen nicht gerne krank werden und erst recht nicht darüber reden. Nichtsdestotrotz gibt es dafür die notwendigen Vokabeln, und auf regelmäßige Nachfrage hin hat Marc Okrand in den vergangenen Jahren viele Wörter rund um die Gesundheit enthüllt, oder wie er selbst sagt: entdeckt.

jIrop.
ich-krank=sein
Ich bin krank.

jI-pIv-Ha'-law'.
ich-gesund=sein-un-scheinbar
Ich glaube, mir geht es nicht gut.

'oy' burgh-wIj.
schmerzen Magen-mein
Mein Magen schmerzt.

jI-wuQ.
ich Kopfschmerzen=haben
Ich habe Kopfschmerzen.

Qel vI-Sam-nIS.
Arzt ich:ihn-finden-müssen
Ich muss einen Arzt finden.

nuq-Daq ghaH Qel-'e'?
was-Ort er(ist) Arzt-der
Wo ist der Arzt?

rop-yaH qach vI-jaH-nIS.
Krankheit-Station Gebäude ich:es-gehen-muss
Ich muss ins Krankenhaus gehen.

nuq-Daq 'oH rop-yaH-'e'?
was-Ort es(ist) Kranken-Station-die
Wo ist die Krankenstation?

poq vI-ghaj.
Magenverstimmung ich:es-haben
Ich habe eine Magenverstimmung.

naDev 'oy'.
hier schmerzt
Hier tut es weh.

'oy' ...-wIj.
schmerzt ...-mein
Mein ... tut weh.

Körperteile

nach	Kopf
QoghIj	Gehirn
mIn	Auge
qogh	Ohrmuschel
teS	Ohr (Innen-)
qab	Gesicht
qevpob	Kiefer
woS	Kinn
ghIch	Nase
Hugh	Hals
nuj	Mund
wuS	Lippe
Ho'	Zahn
logh'ob	Brust
chor	Bauch
'eQway	Bauchnabel
Dub	Rücken
Sa'Hut	Gesäß, Hintern

DeS	Arm
DeSqIv	Ellenbogen
cha'neH	Unterarm
ghop	Hand
chap	Handrücken
nItlh	Finger
volchaH	Schulter
'IvtIH	Hüfte
'uS	Bein
qIv	Knie
qam	Fuß
mov	Spann
ngIb	Knöchel
bem	Fußsohle
yaD	Zehe
Somraw	Muskel
burgh	Magen
pom	Durchfall
Hergh	Medizin
'InSep	Penis
qey'Hav	Vagina

chuy	niesen
tuS	husten
vor	heilen
yatlh	schwanger sein
'em	sich übergeben
'oy'	schmerzen, weh tun

Toilette

Es wurde bereits mehrfach erwähnt, dass die klingonische Sprache sehr direkt ist. So auch beim Thema „Toilette“. Auch hier wird nicht drum herum geredet. Wer sagt, er gehe sich die Hände waschen, der wird auch nur wörtlich verstanden und könnte notfalls nur ein Waschbecken finden, aber keine Toilette. Auch der typische Ausdruck „Ich muss auf die Toilette“ oder „Ich gehe zur Toilette“ wird nur wörtlich verstanden und beschreibt nur den Gang zum Ort, ohne zu sagen, was man dort macht.

Auch wenn man sich bei diesem Thema im Deutschen stark zurückhält, ist es auf Klingonisch überhaupt nicht unhöflich, exakt zu beschreiben, was man dort macht. Die wichtigste Frage in diesem Rahmen ist natürlich:

nuqDaq 'oH puch-pa'-'e'?
wo es Toilette-Raum-es
Wo ist die Toilette?

turmIq vI-ghIm-nIS.
Urin ich:es-auswerfen-müssen
Ich muss Urin ausstoßen.

puch	Toilette
DoQmIv	Waschbecken
puch-pa' vI-jaH.	Ich gehe zur Toilette.
ghop-Du'-wIj	Ich gehe mir die
vI-Say'-nIS-moH.	Hände waschen.

Der Oberbegriff für das, was der Körper in dieser Situation ausstößt, ist **taQbang,** was man mit „Fäkalien“ übersetzen könnte. Die Flüssigkeit ist **turmIq,** die feste Masse wird **qeQ** genannt. Das passende Verb ist **ghIm** (auswerfen) oder auch **vuj** (ausstoßen).

Während es im alltäglichen Gebrauch keine dezente oder feine Art gibt, das Thema zu umschreiben, verwenden vor allem (aber nicht ausschließlich) jüngere Kinder die folgende Redewendung: **qIvon belmoH** „das Kivon erfreuen.“ Das Wort „Kivon“ zu übersetzen ist äußerst schwierig, da niemals erklärt wurde, was das überhaupt ist. Den einzigen Hinweis dazu gab es in der Folge „Der Blutschwur“ der Serie *Star Trek: Deep Space Nine,* als dort ein Klingone sagt, dass sein linkes Kivon schmerze, wenn sein Raumschiff eine gewisse Geschwindigkeit erreiche. Beim Gebrauch dieser Redewendung ist dies jedenfalls erst mal Nebensache. Wenn ein Kind sagt, dass es auf die Toilette geht, sagt es:

qIvon-wIj vI-bel-nIS-moH.
Kivon-mein ich:es-erfreut-sein-müssen-machen
Ich muss mein Kivon erfreuen

Falls ein Kind unruhig erscheint, kann man auch fragen:

bel-Ha'-'a' qIvon-lIj?
erfreut=sein-un-[?] Kivon-dein
Ist dein Kivon unerfreut?

Bei klingonischen Redewendungen muss man immer darauf achten, dass man die einzelnen Wörter nicht austauschen darf, da sonst der Sinn der Redewendung verloren geht. So wird man den **Satz qIvon-wIj vI-Quch-nIS-moH** *„Ich muss mein Kivon glücklich machen“ nur wörtlich verstehen, wobei die Frage offen bleibt, ob ein Kivon überhaupt glücklich sein kann.*

Flirt und Liebe

In der 10. Folge der 2. Staffel von *Star Trek: The Next Generation* mit dem Titel „Die Thronfolgerin“ erklärt der klingonische Brückenoffizier Worf, dass sich die Klingonen im Paarungsritual gegenseitig mit Steinen bewerfen, kratzen und beißen. Auch in der Folge „Gefährliche Liebschaften“ bei *Star Trek: Deep Space Nine* wird angedeutet, dass sich Worf einige Knochenbrüche zugezogen hat, nachdem er sich mit seiner Ehefrau vergnügt hatte. Die Details dieser Praktiken werden wir in diesem Rahmen nicht weiter vertiefen, können aber auf ein paar der wichtigsten Redewendungen hinweisen.

Auf dem Audiosprachkurs *Power Klingon* (siehe Literaturliste) wird erklärt, dass es zwei wichtige Redewendungen gibt, die man im Falle einer Ablehnung benutzen sollte, anstatt einfach nur zu sagen: **naDev-vo' yI-ghoS** „Geh weg“ oder **bI-Dal** „Du bist langweilig“.

Wenn man an einem Paarungsritual nicht interessiert ist, sollte man den folgenden Satz verwenden. Dabei ist es egal, ob dies der Mann oder die Frau sagt:

bIr-choH SuvwI' 'Iw.
kalt-werden Krieger Blut
Das Blut des Kriegers wird kalt.

Sollte das nicht reichen, kann man ergänzen:

DaH jIb-wIj vI-Say'-nIS-moH.
jetzt Haar-mein ich:es-sauber-müssen-machen
Ich muss mir jetzt die Haare waschen.

Wer die Liebe erwidern möchte, kann einen der folgenden Sätze verwenden. Der wichtigste Satz beim Lernen einer Sprache ist natürlich „Ich liebe dich", was im Klingonischen natürlich wieder etwas seltsam klingt, denn es existiert leider kein direktes Verb für „lieben" oder „mögen". Stattdessen verwendet man die Verben mit gegenteiliger Bedeutung und fügt die Silbe **-Ha'** dahinter, die das Wort umkehren. Die wörtliche Übersetzung klingt daher sehr unschön, aber der Gedanke ist derselbe. Lässt man an diesen Sätzen die Nachsilbe **-Ha'** weg, bedeuten sie natürlich das genaue Gegenteil. Wie oben erwähnt sollte man sie in dieser Form jedoch nicht im Rahmen des klassischen Paarungsrituals verwenden, außer man beabsichtigt, die Ehre seines Gegenübers zu verletzen.

qa-par-Ha'.
ich:dich nicht=mögen-un
Ich mag dich.

qa-muS-Ha'.
ich:dich hassen-un
Ich liebe dich.

bang-wI' SoH.
Geliebter-mein du
Du bist mein/e Geliebte/r.

bom-DI' 'Iw-wIj qa-qaw.
singen-sobald Blut-mein ich:dich-erinnern
Wenn mein Blut singt, denke ich an dich.

reH bang largh-lu'.
immer Geliebte/r riechen-jemand
Liebe kann man immer riechen.

juH-wIj juH-lIj ghap?
Haus-mein Haus-dein oder
Zu mir oder zu dir?

cho-nay-qang-'a'?
du:mich-heiraten-willig-[?]
Möchtest du mich heiraten? (zu einer Frau)

cho-Saw-qang-'a'?
du:mich-heiraten-willig-[?]
Möchtest du mich heiraten? (zu einem Mann)

Schimpfen und Fluchen

In der Folge *„Verräterische Signale" (The Mind's eye)* der vierten Staffel von *Star Trek: The Next Generation* verwendete Captain Picard eine Handvoll klingonischer Beleidigungen, was offenbar gut ankam, denn sein klingonischer Gesprächspartner sagte ihm gleich, er würde sehr gut fluchen.

Im Gegensatz zum Erschaffen eigener Vokabeln sind beim Erfinden von Beleidigungen der Phantasie keine Grenzen gesetzt!

Ausrufe

Es existiert ein Grundwortschatz von Ausrufen, die man im Moment eines Ärgernisses verwenden kann. Ihre Bedeutung ist nicht bekannt, aber auch nicht wichtig.

baQa'	allgemeiner Ausruf
ghay'cha'	etwas stärker als „verdammt“
ghuy'cha'	alternative Aussprache des vorigen Ausrufs
ghuy'	verkürzte Form des vorigen Ausrufs
Hu'tegh	allgemeiner Ausruf
QI'yaH	sehr vulgär, einer der „schlimmsten“ Ausrufe dieser Art
Qu'vatlh	würde man sagen, wenn man sich sehr ärgert
va	Kurzform für **Qu'vatlh**, vielleicht wenn man sich nur ein wenig ärgert.

Beleidigungen

Während man Ausrufe wie „verdammt“ nur ohne Bezug in den Raum stellt, gibt es auch eine Reihe Wörter, die man verwendet, um **jemanden** zu beleidigen. Manche haben keine wörtliche Übersetzung, ein paar sind aber auch sehr deutlich.

petaQ	die am häufigsten gehörte Beleidigung. Es sind sehr viele deutsche Schreibweisen dafür bekannt: *Pahtak, Pathak, p'tahk, p'takh, patahk, pahtk, oder p'tak.*
Qovpatlh	Bedeutung unbekannt
taHqeq	klassische Beleidigung
toDSaH	wird verwendet, falls man jemanden nicht sehr mag
yIntagh	Bedeutet auch „Lebenserhaltungssystem", aber der Zusammenhang ist unbekannt
Ha'DIbaH	wörtlich „Tier", wie im Deutschen „du Schwein" oder „Drecksau"

Neben den zuvor genannten Beleidigungen, die man durchaus als solche verwenden kann, gibt es auch die Möglichkeit, jemanden durch einen vollständigen Satz zu beleidigen. Die bekannteste Beleidigung lautet **Hab SoSlI' Quch** *„Deine Mutter hat eine flache Stirn"*, was auf das Aussehen der Klingonen zurückgeht, die bekanntermaßen sehr stolz auf ihre eher runzlige Stirn sind. In diesem Satz fällt auf, dass die richtige Nachsilbe für sprachfähige Wesen verwendet wurde. Die falsche Form **SoS-lIj** würde noch schlimmere Konsequenzen haben, da man damit nicht nur sein Gegenüber, sondern gleichzeitig auch noch dessen Mutter als Gegenstand beleidigt. Daher ist es sehr wichtig, bei den bekannten Flüchen immer auf die wortgetreue Aussprache zu achten.

Viele der auf dem Audiosprachkurs *Power Klingon* (siehe Literaturliste) genannten Beleidigungen basieren auf kulturellen Hintergründen, wie das mit der flachen Stirn, aber im Grunde ist alles erlaubt, was einem einfällt. Wenn man einen kleinen Wettbewerb daraus machen möchte, sollte man natürlich immer daran denken, dass es nur ein Spaß ist und nicht zu ernst genommen werden sollte. Es ist ein bisschen wie die „Deine-Mudda-Sprüche", bei denen es darum geht, sich die absurdesten Beleidigungen auszudenken.

qa-tIch-Qo'. yIH vI-yach 'e' vI-maS.
ich:dich-beleidigen-weigern. Tribbel ich:es-streicheln das ich:es-bevorzugen
Ich weigere mich, dich zu beleidigen. Ich streichle lieber einen Tribbel.

vabDot mIllogh-Daq He'So' SoS-lI'.
sogar Foto-auf stinken Mutter-dein
Deine Mutter stinkt sogar auf Fotos.

ragh-laH tIr ngogh. pagh Da-chav-laH SoH.
zerfallen-können Getreide Klumpen. nichts du:es-erreichen-können du
Brot kann schimmeln. Du kannst nichts.

qa-tIch-be', qa-Del.
ich:dich-beleidigen-nicht, ich:dich-beschreiben
Ich beleidige dich nicht, ich beschreibe dich.

QoghIj poQ-be' porgh 'e' Da-tob.
Gehirn benötigen-nicht Körper das du:es-beweisen
Du bist der Beweis, dass ein Körper ohne Gehirn leben kann.

QIp-wI' qa-pong-chugh, vaj Hoch QIp-wI' vI-tIch.
blöd-er ich:dich-nennen-falls, dann alle blöd-er ich:sie-beleidigen
Wenn ich dich als blöd bezeichnen würde, wäre das eine Beleidigung für alle Blöden.

nuj-lIj-Daq pom Da-ghaj.
Mund-dein-in Durchfall du:es-haben
Du hast Durchfall des Mundes.

jI-lang-choH-laH, 'ach reH bI-moH-taH.
ich-dünn-werden-können, aber immer du-hässlich-bleiben
Ich kann abnehmen, aber du wirst immer hässlich sein.

DaSjaj po Da-rur: Du-par Hoch.
Montag Morgen du:es-ähneln dich:er-nicht=mögen alle
Du bist wie Montag morgen: niemand mag dich.

Mögen die Spiele beginnen!

Nichts verstanden? – Weiterlernen!

nuq-jatlh?
was-sagen
Wie bitte?

jI-yaj.
ich-verstehen
Ich verstehe.

jI-yaj-be'.
ich-verstehen-nicht
Ich verstehe nicht.

tlhIngan Hol vI-jatlh-be'.
Klingone Sprache ich:es-sprechen-nicht
Ich spreche kein Klingonisch.

naDev DoyIchlan Hol jatlh-'a' vay'?
hier Deutschland Sprache sprechen-[?] jemand
Spricht hier jemand Deutsch?

naDev DIvI' Hol jatlh-'a' vay'?
hier Föderation Sprache sprechen-[?] jemand
Spricht hier jemand Englisch?

QIt yI-jatlh.
langsam du[BEFEHL]-sprechen
Sprechen Sie bitte etwas langsamer.

mu'-vam yI-ghItlh.
Wort-dies du[BEFEHL]-schreiben
Schreiben Sie mir bitte dieses Wort auf.

Quellenverzeichnis

Hier werden nur die deutschen Ausgaben, soweit verfügbar, aufgezählt.

Bei der Aufzählung von Werken zur klingonischen Sprache von einer Liste zu sprechen ist leicht übertrieben, denn man kann sie an einer Hand abzählen. Streng genommen gibt es nur ein einziges Buch über diese Sprache, und zwar *„das Offizielle Wörterbuch Klingonisch/Deutsch"* von Marc Okrand, das im englischen Original *„The Klingon Dictionary"* heißt.

The Klingon Dictionary
Das Offizielle Wörterbuch Klingonisch/Deutsch (Neuauflage)
Marc Okrand, Lieven L. Litaer, 2013
Heel Verlag
ISBN 3-86852-688-9

Weitere wichtige Werke sind:

KGT / Klingon fo the Galactic Traveler
Klingonisch für Fortgeschrittene
Marc Okrand, 1998
Heel Verlag
ISBN 3-89365-657-X

TKW / The Klingon Way
Die Ehre der Klingonen
Marc Okrand, 1997
Heel Verlag
ISBN 3-89365-603-0

Um das Hörverständnis zu entwickeln und auch die Aussprache richtig zu üben, ist ein Audiosprachkurs unvermeidbar und vor allem für Anfänger definitiv zu empfehlen.

CK / Conversational Klingon
Audiosprachkurs Klingonisch (CD)
Heel Verlag, 1999
ISBN 978-3-89365-797-1

Power Klingon,
Audio-Kassette, CD und Download
Audioworks, Simon & Schuster, London
ISBN 0-671-85319-8
(nur auf Englisch erhältlich)

Lesetipps

Das Klingon Dictionary ist eine reine Beschreibung der Grammatik mit nur wenigen Beispielen zu den jeweiligen Themen. Da das Buch außerdem sehr systematisch nach grammatikalischen Eigenschaften der Sprache aufgebaut ist, wird ein Anfänger in diesem Buch nur sehr langsam vorankommen. Wer also ein Lehrbuch benötigt, das den Schüler behutsam und Schritt für Schritt in die Sprache einführt, dem sei das Übungsbuch *„Klingonisch für Einsteiger“* nahegelegt. Dieses Buch enthält zusätzlich eine Audio-CD, mit der man sich die Lektionen anhören kann.

Klingonisch für Einsteiger
Lieven L. Litaer, 2017
Heel Verlag
ISBN 3-95843-553-7

Für Fortgeschrittene, aber auch für alle geeignet, die etwas über die klingonische Kultur lernen möchten, sind die folgenden Werke von Marc Okrand zu empfehlen. *„Die Ehre der Klingonen“* ist eine Sammlung von Redewendungen, die auf Klingonisch und Deutsch angeboten werden, mit Erklärungen, woher diese stammen. Das Buch *„Klingonisch für Fortgeschrittene“* bietet über 600 zusätzliche Vokabeln an und erklärt deren Verwendung. Zusätzlich werden viele Redewendungen, Dialekte und umgangssprachliche Begriffe erklärt. Deswegen ist das Buch aus sprachlicher Sicht zwar nur etwas für erfahrene Sprecher, für Anfänger aber dennoch ebenfalls lesenswert, da es viele interessante Hintergrundinformationen über die klingonische Kultur enthält.

Die Liste klingonisch-sprachiger Literatur ist relativ kurz. Die meisten Werke liegen nur in englischer Übersetzung vor oder sind so anspruchsvoll, dass sie für einen Einsteiger der Sprache nicht geeignet sind. Die Übersetzung des Kinderbuch-Klassikers „Der kleine Prinz" ist leicht zu lesen und für Anfänger der Sprache ein guter Einstieg. Das Besondere dieser Ausgabe ist, dass der deutsche Text nicht den allseits bekannten Text darstellt, sondern eine direkte Rück-Übersetzung aus dem Klingonischen, was den Vergleich und das Lernen erleichtert.

ta'puq mach

Der kleine Prinz auf Klingonisch
Lieven L. Litaer, 2018
Verlag in Farbe und bunt
ISBN 978-3-95936-122-4

Übersicht der Nachsilben

Nachsilben für Verben

Gruppe 1	Gruppe 2	Gruppe 3	Gruppe 4	Gruppe 5
-'egh	-nIS	-choH	-moH	-lu'
-chuq	-qang	-qa'		-laH
	-rup			
	-beH			
	-vIp			

Nachsilben für Hauptwörter

Gruppe 1	Gruppe 2	Gruppe 3	Gruppe 4	Gruppe 5
-'a'	-pu'	-qoq	-wIj *	-Daq
-Hom	-Du'	-Hey	-lIj *	-vo'
-oy	-mey	-na'	-Daj	-mo'
			-maj *	-vaD
			-raj *	-'e'
			-chaj	
			-vam	
			-vetlh	

** Bei diesen besitzanzeigenden Nachsilben wird der Buchstabe j durch ein Apostroph ersetzt, wenn der Besitz ein sprachfähiges Wesen ist.*

Gruppe 6	Gruppe 7	Gruppe 8	Gruppe 9	Wanderer
-chu'	-pu'	-neS	-DI'	-be'
-bej	-ta'		-chugh	-Qo'
-law'	-taH		-pa'	-Ha'
-ba'	-lI'		-vIS	-qu'
			-bogh	
			-meH	
			-'a'	
			-wI'	
			-mo'	
			-jaj	
			-ghach	

Wörterliste Deutsch – Klingonisch

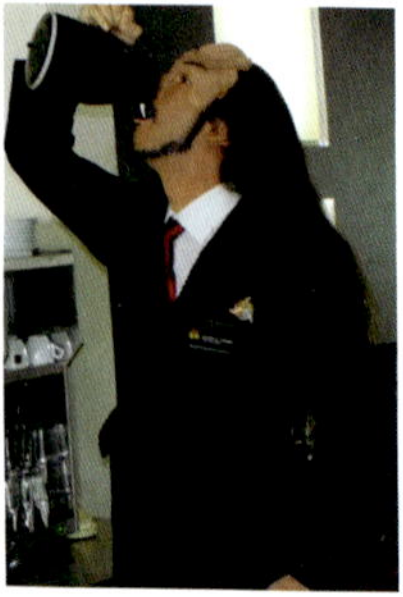

Auf der Suche nach klingonischen Wörtern sollte man die Reihenfolge des klingonischen Alphabets beachten und wissen, dass es einen Unterschied zwischen kleinem **q** *und großem* **Q** *gibt.*

A

Abend ram
Abendessen 'uQ
aber 'ach
abfahren mej
abfliegen mej
abreisen mej
Adresse Quv
Alkohol HIq
allein nIteb
alles Hoch
als (zeitl.) -DI'
alt (nicht jung) qan
alt (nicht neu) ngo'
anfangen tagh
anhalten mev
ankommen paw
antworten jang
Apotheke Hergh ngevwI'
arbeiten vum
Arbeiter(in) vumwI'
arm mIpHa'
Arzt Qel
auch je
auf -Daq
aufhören mev
aufstehen Hu'
aufwachen vem
aus -vo'
Ausgang lojmIt
ausgezeichnet pup
Auskunft nov DorwI'
Ausländer nov
ausländisch nov
Aussprache QIch
aussteigen yongHa'
Ausweis leng chaw'
ausziehen (Kleider) tuQHa'moH
Auto puH Duj
Autowerkstatt puH Duj tI'wI'

B

Badeanzug QalmeH Sut
Badehose QalmeH yopwaH
baden Qal
Badezimmer puchpa'
Bahnhof lupwI' mIr qach
Bahnsteig lupwI' mIr 'otHel
bald tugh
Bank (Geld) beyII'
Bargeld Huch
Batterie 'ul 'aplo'
bauen mutlh
Bauer wIjwI'
Baum Sor
beeilen, sich moD
beenden (nach Plan) van
beenden (vorzeitig) ghang
begleiten Dor
begrüßen van
behandeln (Krankh.) rach
Behörde tum
bei -Daq
Beispiel ghantoH
bekanntmachen, sich qIH

beleidigen tIch
benachrichtigen ghuHmoH
Benzin nIn
Berg HuD
berühmt noy
beschweren, sich bep
besichtigen Such
Besitzer ghajwI'
besser qaq
bestellen vun
bestrafen bIj
Besuch SuchwI'
besuchen Such
betrügen toj
betrunken chech
Bett QongDaq
Bettzeug QongDaq tlhIm
bevor -pa'
Beweis nompuq
bezahlen DIl
Bier wornagh
Bild mIllogh
billig qutlh
Binde Sev
bisschen loQ
bitten tlhob
Blatt (Papier) nav
Blatt (vom Baum) por
bleiben ratlh
Bleistift ghItlhwI'
Blume 'InSong
Boot bIQ Duj
Botschaft (dipl.) rIvSo'
Brand qul'a'
Brauch tIgh
brauchen poQ
breit vaS
brennen meQ
Brief nav QIn
Briefmarke HIjmeH chaw'
Briefumschlag nav vaH
Brille neqratlh
bringen qem
Brot tIr ngogh
Brücke QI
Bruder loDnI'
Brust (weibl.) ngech
Brust(korb) ro
Buch paq
Buchstabe ngutlh
bunt nguvlu'
Burg jem'IH
Bürger (Staats-) rewbe'
Büro yaH
Bus lupwI'

C

Chauffeur SeDwI'
Chef pIn'a'
Computer De'wI'

D

da pa'
Dach beb
damit -meH
danach ghIq
danke qatlho'
danken tlho'
dann ngugh
darum ngoDvammo'
dass 'e'
dauern taH
Decke (Bett) tlhIm
dein/e -lIj
denken Qub
Denkmal (Figur) van Hew
Denkmal (Gebäude) van qach
deshalb 'oHmo'
deutsch DoyIchlan
Deutsche(r) DoyIchlan ngan
Deutschland DoyIchlan
Dialekt Hol Sar
dick (fett) ror
dick (wuchtig) qargh
dies -vam
diese(r,s) -vam
Ding Doch
Diskothek mI'meH tach
Dokument(e) ghItlh(mey)
Dolmetscher mughwI'
Dorf vengHom
dort pa'
dorthin pa'
dringend pav
du SoH'
dumm QIp
dunkel Hurgh
dünn lang

Wörterliste Deutsch – Klingonisch

Durchfall pom
Durst (haben) 'oj

E

echt teH
Ehefrau be'nal
Ehemann loDnal
Ei QIm
einander -chuq
einfach ngeD
Eingang lojmIt
einige 'op
einladen rIt
Einladung ruSvep
einmal wa'logh
einsteigen yong
eintreten 'el
einverstanden luq
Einwohner rewbe'
Eisenbahn lupwI' mIr
Eltern quppu'
E-mail jabbI'ID
empfangen Hev
empfehlen chup
Ende berthlam
englisch DIvI' Hol
Enkel(in) puqnI'
entscheiden wuq
entschuldigen, sich tlhIj
er ghaH
Erde tera'
Ereignis wanI'
Erfolg Qapla'
erhalten Hev
erholen, sich leS
erinnern, sich qaw
erkältet sein rop
erklären QIj
erlauben chaw'
Erlaubnis chaw'
Ersatzteil lIw
erzählen ja'
essen Sop
Etage choQ
etwas vay'
euer/e -raj

F

Fabrik laSvargh
Faden SIrgh
Fähre bIQ Duj
fahren (ein Fahrzeug lenken) SeD
Fahrkarte lengmeH chaw'
Fahrplan jey pu'jIn
Fahrpreis leng DIlmeH Huch
Fahrrad qam Do Duj
Fahrzeug Duj
falsch muj
Familie qorDu'
Familienname qorDu' pong
Farbfilm (für Fotos) mIllogh qonwI' qoSta'
faul (Obst) non
faul (träge) buD
Fehler Qagh
Feier lop
feiern lop
feilschen tlhong
Feld yotlh
Fenster Qorwagh
Ferien leSpoH
fern Hop
Fernsehgerät HaSta jIH
fertig rIn
Fest lopno'
fest (hart) Sub
feucht yIQ
Feuer qul
Film (im Kino) HaSta much
finden Sam
Finger nItlh
Fisch ghotI'
Flasche bal
Fleisch Ha'DIbaH
fliegen puv
flirten mIy
Flughafen vergh
Flugzeug muD Duj
Fluss bIQtIq
Formular mu'yuD
Fotoapparat mIllogh qonwI'
Fotografie mIllogh
fotografieren mIllogh qon
fragen ghel
Frau be'
Fräulein be'Hom
frei tlhab

fremd nov
freuen, sich Quch
Freund(in) jup
freundlich DochHa'
Frieden roj
frieren bIr
frisch (Obst) baQ
fröhlich Quch
Frucht naH
früh 'eq
Frühling qImroq tujHa'
Frühstück nIQ
frühstücken nIQ Sop
Führung (Person) DevwI'
für -vaD
fürchten, s. (vor) Haj
Fuß qam

G

Gabel puq chonnaQ
ganz Hoch
Garten Du'Hom
Gas SIp
Gasse tawHom
Gast meb
Gaststätte tach
Gebäck chab
Gebäude qach
geben nob
Gebirge HuDmey
Gebühr qav'ap
Geburtstag qoS
gefährlich Qob
Gefängnis bIghHa'
Gefäß ngaSwI'
gegenüber tlhop
gehen jaH
Geld Huch
Gemüse naH
genau qar
genug yap
Gepäck tep
Geschäft (Laden) ngevwI'
Geschäft (Tätigkeit) malja'
Geschenk nob
Geschichte (Erzählung) lut
Geschichte (Historie) qun
Gesellschaft (Einwohner) nugh
Gesellschaft (Institut) yej'an
Gesetz chut
gestern wa'Hu'
gesund pIv
Getränk Soj
Gewürz ngat
Gift tar
Giftschlange tar ghargh
Glas (Material) 'al'on
Glas (Trink-) HIvje'
glauben Har
glücklich Quch
Gold qol'om
Gott Qun
Grammatik pab
Gras magh
gratulieren Hoy'
Grenze veH
groß tIn
Großmutter SoSnI'
Großvater vavnI'
Gruppe ghom
grüßen van
grüßen, sich vanchuq
gut QaQ

H

haben ghaj
Hafen vergh
Hälfte bID
Hand ghop
Handel malja'
Handtuch QaDmoHwI' DIr
hart let
Haus qach
heben pep
heiß tuj
helfen (im Notfall) QaH
helfen (unterstützen) boQ
hell wov
Herbst qImroq bIrHa'
Herr joH
heute DaHjaj
hier naDev
Hilfe QaH
hinten 'em
hinter 'emDaq
hoch jen
Hochzeit tlhogh

Wörterliste Deutsch – Klingonisch

hoffen tul
höflich DochHa'
Holz Sor Hap
hören Qoy
Hotel mebpa'mey
hungrig (sein) ghung

I

ich jIH
Ihr/e -lIj
ihr/e (Ez.) -Daj
ihr/e (Mz.) -chaj
immer reH
in (örtlich) -Daq
Information De'
Insekt ghew
Insel 'ambay
interessant Daj

J

ja HIja'
Jahr DIS
Jahreszeit DIS poH
jährlich Hoch DIS
jeder Hoch
jedesmal Hochlogh
jemand vay'
jener -vetlh
jetzt DaH
Journalist ja'wI'
jung Qup
Junge loDHom

K

kalt bIr
kaputt Duy'
Karte (Landkarte, Plan) pu'jIn
Karte (Spielkarte) 'echletHom
kaufen je'
kennen Sov
Kind puq
Kino muchpa'
Kirche chIrgh
Kleidung Sut
klein mach
klug val
Kneipe tach
kochen (Essen bereiten) vut
kochen (sieden) pub
Koffer leng buq
kommen ghoS
kompliziert Qatlh
können -laH
kontrollieren 'ol
kosten (probieren) waH
kostenlos DIlnISbe'lu'
krank rop
Krankenhaus ropyaH qach
Krankheit rop
kühl bIr
Kühlschrank DeSwar bIr
Kunst meHghem
kunstgewerbl. Waren naghmey beQ
kurz (zeitlich) ngaj

L

lächeln mon
lachen (über etw.) vaq
Laken tlhIm
Lampe wovmoHwI'
Land Sep
Landkarte pu'jIn
Landschaft jorchan
lang (Entfernung) tIq
lang(e) (Zeit) nI'
langsam QIt
langweilig Dal
laufen, rennen qet
laut chuS
leben yIn
Leben yIn
Lebensmittel Soj
ledig mob
leer chIm
legen lan
Lehrer(in) ghojmoHwI'
leicht (Gewicht) tIS
leihen, s. (von) ngIp
lernen ghoj
lesen laD
Leute nuvpu'
Licht tamghay
lieben muSHa'
Lied bom
liegen Qot

links poS
Loch qung
Löffel baghneQ
Lohn, Gehalt tev
lügen nep
lustig tlhaQ

M

machen (herstellen) chenmoH
Mädchen be'Hom
malen DIj
man vay'
manchmal rut
Mann loD
Marktplatz tlhop
Medikament Hergh
Meer bIQ'a'
mehr latlh
mein/e -wIj
Mensch Human
merken, sich qaw
Messer taj
mieten ngIp
Minute tup
Mittag pemjep
Mittagessen megh
möglich DuH
Monat jar
Morgen po
morgen wa'leS
Motor QuQ
Motorboot QuQ bIQ Duj
müde Doy'
Müll veQ
Museum 'angweD
Musik QoQ
müssen -nIS
Mutter SoS

N

nach (Zeit) DorDI'
Nachmittag DungluQ
Nachricht QIn
nächstes Mal 'eb veb
Nacht ram
Nadel Hut'In tIq
nah Sum
Name pong
nass yIQ
natürlich (nicht künstl.) but
neben retlh
nehmen tlhap
nein ghobe'
neu chu'
nicht -be'
nichts pagh
niedrig 'eS
niemals not
niemand pagh
noch einmal -qa'
Norden 'ev
normal motlh
notwendig 'ut
Nummer mI'
nur neH

O

oben Dung
Obst naH
oder pagh / ghap
öffnen poSmoH
oft pIj
Öl HuH
Onkel 'IrneH
Orchester ghenraq
organisieren nab
Ort Daq
Osten chan
Österreich 'oSteray'
Österreicher(in) 'oSteray' ngan

P

Paar chang'eng
paar 'op
Päckchen veyHom
Paket vey
Palast DuHmor
Panne Duy'
Papier nav
Park yotlh
parken vergh
Pass chaw'
Patient SID
Pause leS
Person ghot / nuv
Pflanze lav
Plan (Papier) pu'jIn
Plan (Prozedur) nab

Wörterliste Deutsch – Klingonisch

Platz (Markt) tlhop
Platz (Ort) Daq
Platz (Sitz) quS
Platzkarte, Eintrittkarte 'elmeH chaw'
plötzlich pay'
Politik ngoch
Polizei ghan'Iq
Post(amt) QIn tum qach
Postkarte QIn 'echletHom
Preis (Gewinn) tev
Preis (zu zahlen) DIlmeH Huch
privat tlhIn
problematisch sein qay'
Programm mIw

R

Radiogerät Se' HabII'
Rat qeS
rauchen tlhIch pur
Raum pa'
rechnen SIm
Rechnung ghogh'ot
rechts nIH
reden jatlh
Regenschirm SISyoD
reich mIp
reif DeH
Reise leng
Reisebüro leng tum
reisen leng
reparieren tI'
Restaurant Qe'
Rettungswagen chach Duj
richtig qar
Richtung lurgh
roh tlhol
Rückfahrt cheghmeH leng
Rucksack Dub buq
rückständig tIQ
rufen, schreien jach

S

Sache Doch
sagen jatlh
salzig na'
sammeln yIr
Sand Do'ol
satt ghungHa'
Satz (Grammatik) mu'tlhegh
sauber Say'
sauber machen Say'moH
sauer wIb
Schallplatte QoQ jengva'
scharf jej
Schere cha'-'etlh pe'wI'
schicken, senden ngeH
schießen bach / baH
Schiff Duj
schlafen Qong
Schlafsack QongDaq buq'a'
Schlafzimmer QongmeH pa'
schlagen qIp
schlecht qab
Schloss (Gebäude) DuHmor
Schlüssel ngaQHa'moHwI'
Schlüsselkarte lojmIt chaw'
schmackhaft 'ey'
Schmerz 'oy'
schmerzen 'oy'
schmutzig lam
Schnaps HIq
schnell nom
schon wejHa'
schön 'IH
schreiben ghItlh
Schuh waq
schuldig DIv
Schule DuSaQ
Schüler(in) ghojwI'
schwanger yatlh
Schweiz SuwISya'
Schweizer(in) SuwISya' ngan
schwer (Gewicht) 'ugh
Schwester be'nI'
schwierig Qatlh
schwimmen Qal
See ngem
sehen legh

Sehenswürdigkeiten Daqmey noy
Seife Say'moHwI' tlhagh
Seil tlhegh
sein/e -Daj
Seite (Buch) tenwal
Seite (Richtung) Dop
Sekunde lup
selbst -'egh
selten pIjHa'
selten, rar sein qub
setzen, sich ba'
sicher -bej
Sie SoH
sie (Ez.) ghaH
sie (Mz.) chaH
Silber SIrlIy
singen bom
sitzen ba'
sofort SIbI'
Sohn puqloD
sollen -nIS
Sommer qImroq tuj
Sonne jul
sparen pol
spät paS
spazierengehen yIt
Speise Soj
Speisekarte HIDjolev
spielen Quj
Sprache Hol
sprechen jatlh
Spritze Hergh QaywI'
Stadt veng
stark HoSghaj
stehen Qam
Stein nagh
Stelle, Ort Daq
stellen lan
sterben Hegh
Stimme ghogh
stören Suj
Strafe bIj
Strand bIQ'a' HeH
Straße taw
Straßenbahn taw lupwI' mIr
streiten ghoH
Stück 'ay'
Student ghojwI'
Stunde rep
suchen nej
Süden tIng
Suppe chatlh
süß na'ran rur

T

Tabak toba'qo
Tag jaj
täglich Hoch jaj
Tal ngech
Tankstelle nIn ngevwI'
Tante me'
tanzen mI'
Tasche buq
Taxi ra'wI' lupwI'
Telefon ghogh HablI'
telefonieren ghogh HablI' lo'
Telegramm QInHom
teuer wagh
Theater muchpa'
tief jaQ
Tier Ha'DIbaH
Tochter puqbe'
Tod Hegh
Toilette puchpa'
Toilettenpapier puch nav
tot Heghpu'
töten HoH
Tradition lurDech
tragen qeng
traurig 'IQ
treffen (begegnen) ghom
Treppe letlh
trinken tlhutlh
trocken QaD
tun DIgh
Tür lojmIt
Turm chalqach

U

üben qeq
über (örtl.) Dung
überall Dat
übermorgen cha'leS
übersetzen (Sprache) mugh
Übersetzer mughwI'
übrig chuv
Uhr tlhaq

um zu ... -meH
Umleitung qIgh
umtauschen tam
Umweg qIgh
und je / 'ej
Unfall Qugh
Universität DuSaQ'a'
unschuldig chun
unser/e -maj / -ma'
unten bIng
unter bIngDaq
Unterhaltung ja'chuqghach
unterrichten (lehren) ghojmoH
unterschreiben qI'
Urlaub leSpoH

V

Valuta, Devisen Huch
Vater vav
verbieten tuch
verboten (sein) tuchlu'
Verbrechen HeS
verdienen baj
vergessen lIj
vergnügen, sich tIv
verkaufen je'
verleihen (an) noj
verletzt rIQ
Verletzung Hampong
verlieren (Dinge) chIl
vermieten noj
Versicherung chach mab
verspäten, sich paS
versprechen, sich jatlhHa'
verstehen yaj
versuchen nID
viel law'
vielleicht chaq
Vogel bo'Degh
Volk Segh
voll buy'
von -vo'
vorbereiten ghuH
vorgestern cha'Hu'
vorher -pa'
Vormittag po
Vorname pong
vorne 'et
vorschlagen chup
vorstellen (Imagination) jal
vorstellen, sich lIH'egh

W

Wagen Duj
wahr teH
während qaStaHvIS
Wald ngem
Wand pa' reD
wann ghorgh
warm tuj
warten loS
warum qatlh
was nuq
waschen Say'moH
waschen, sich Say'eghmoH
Wasser bIQ
wechseln choH
wecken vemmoH
Weg taw
wegen -mo'
weil -mo'
weinen SaQ
weit Hop
wenig puS
wenn (als) -DI'
wenn (falls) -chugh
wer 'Iv
werden moj
Westen tIng 'ev
Wetter muD Dotlh
wichtig potlh
wie chay'
wiederholen -qa'
wieviel 'ar
Wind SuS
Winter qImroq bIr
wir maH
wissen Sov
wo nuqDaq
Woche Hogh
woher nuqDaq
wohin nuqDaq
wohnen Dab
Wohnung juH
wollen neH
Wort mu'
Wörterbuch mu'ghom
Wunde Hampong

wünschen jIn
zahlen DIl
Zahnarzt Ho'Du' Qel
Zahnpasta Ho'Du' Say'moHwI' tlhagh
zeigen SIq
Zeit poH
Zentrum botlh
Zimmer pa'
zu (+ Adjektiv) tlhoy (+ Adj.)
zufrieden yon
Zug lupwI' mIr
zurück chegh
zusammen nItebHa'
zuviel 'Iq
zwischen joj

Wörterliste Klingonisch – Deutsch

b

bach / baH schießen
baghneQ Löffel
baj verdienen
bal Flasche
baQ frisch (Obst)
ba' setzen, sich; sitzen
beb Dach
-bej sicher
bep beschweren, sich
berthlam Ende
beylI' Bank (Geld)
be' Frau
-be' nicht
be'Hom Fräulein; Mädchen
be'nal Ehefrau
be'nI' Schwester
bID Hälfte
bIghHa' Gefängnis
bIj bestrafen; Strafe
bIng unten
bIngDaq unter
bIQ Duj Boot; Fähre
bIQ Wasser
bIQtIq Fluss
bIQ'a' HeH Strand
bIQ'a' Meer
bIr frieren; kalt; kühl
bom Lied; singen
boQ helfen, unterstützen
botlh Zentrum
bo'Degh Vogel
buD faul (träge)
buq Tasche
but natürlich (nicht künstlich)
buy' voll

c

chab Gebäck
chach Duj Rettungswagen
chach mab Versicherung
chaH sie (Mz.)
-chaj ihr/e (Mz.)
chalqach Turm
chan Osten
chang'eng Paar
chaq vielleicht
chatlh Suppe
chaw' erlauben; Erlaubnis; Pass
chay' wie
cha'Hu' vorgestern
cha'leS übermorgen
cha'-'etlh pe'wI' Schere
chech betrunken
chegh zurück
cheghmeH leng Rückfahrt
chenmoH machen (herstellen)
chIl verlieren (Dinge)
chIm leer
chIrgh Kirche

Wörterliste Klingonisch – Deutsch

choH wechseln
choQ Etage
-chugh wenn (falls)
chun unschuldig
chup empfehlen, vorschlagen
-chuq einander
chuS laut
chut Gesetz
chuv übrig
chu' neu

D

Dab wohnen
DaH jetzt
DaHjaj heute
-Daj ihr/e (Ez.)
Daj interessant
-Daj sein/e
Dal langweilig
-Daq auf, bei, in (örtlich)
Daq Ort, Platz, Stelle
Daqmey noy Sehenswürdigkeiten
Dat überall
DeH reif
DeSwar bIr Kühlschrank
DevwI' Führung (Person)
De' Information
De'wI' Computer
DIgh tun
DIj malen
DIl bezahlen, zahlen
DIlmeH Huch Preis (zu zahlen)
DIlnISbe'lu' kostenlos
DIS poH Jahreszeit
DIS Jahr
DIv schuldig
DIvI' Hol englisch
-DI' als (zeitl.)
-DI' wenn (als)
Doch Ding, Sache
DochHa' freundlich, höflich
Dop Seite (Richtung)
Dor begleiten
DorDI' nach (Zeit)
DoyIchlan ngan Deutsche(r)
DoyIchlan deutsch; Deutschland
Doy' müde
Do'ol Sand
Dub buq Rucksack
DuH möglich
DuHmor Palast, Schloss (Gebäude)
Duj Fahrzeug; Schiff; Wagen
Dung oben, über (örtl.)
DungluQ Nachmittag
DuSaQ Schule
DuSaQ'a' Universität
Duy' kaputt; Panne
Du'Hom Garten

gh

ghaH er / sie (Ez.)
ghaj haben
ghajwI' Besitzer
ghantoH Beispiel
ghan'Iq Polizei
ghang beenden (vorzeitig)
ghel fragen
ghenraq Orchester
ghew Insekt
ghIq danach
ghItlh schreiben
ghItlh(mey) Dokument(e)
ghItlhwI' Bleistift
ghobe' nein
ghogh HablI' lo' telefonieren
ghogh HablI' Telefon
ghogh Stimme
ghogh'ot Rechnung
ghoH streiten
ghoj lernen
ghojmoH unterrichten, lehren
ghojmoHwI' Lehrer(in)
ghojwI' Schüler(in), Student(in)
ghom Gruppe; treffen (begegnen)
ghop Hand
ghorgh wann
ghoS kommen

ghot / nuv Person
ghotI' Fisch
ghuH vorbereiten
ghuHmoH benachrichtigen
ghung hungrig (sein)
ghungHa' satt

H

Haj fürchten, sich (vor)
Hampong Wunde, Verletzung
Har glauben
HaSta jIH Fernsehgerät
HaSta much Film (im Kino)
Ha'DIbaH Fleisch; Tier
Hegh sterben; Tod
Heghpu' tot
Hergh ngevwI' Apotheke
Hergh QaywI' Spritze
Hergh Medikament
HeS Verbrechen
Hev empfangen, erhalten
HIDjolev Speisekarte
HIja' ja
HIjmeH chaw' Briefmarke
HIq Alkohol; Schnaps
HIvje' Glas (Trink-)
Hoch DIS jährlich
Hoch jaj täglich
Hoch alles; ganz; jeder
Hochlogh jedesmal
Hogh Woche
HoH töten
Hol Sar Dialekt
Hol Sprache
Hop fern, weit
HoSghaj stark
Hoy' gratulieren
Ho'Du' Qel Zahnarzt
Ho'Du' Say'-moHwI' tlhagh Zahnpasta
Huch Geld, Bargeld; Valuta, Devisen
HuD Berg
HuDmey Gebirge
HuH Öl
Human Mensch
Hurgh dunkel
Hut'In tIq Nadel
Hu' aufstehen

j

jabbI'ID E-Mail
jach rufen, schreien
jaH gehen
jaj Tag
jal vorstellen (Imagination)
jang antworten
jaQ tief
jar Monat
jatlh reden, sagen, sprechen
jatlhHa' versprechen, sich
ja' erzählen
ja'chuqghach Unterhaltung
ja'wI' Journalist
je / 'ej und
je auch
jej scharf
jem'IH Burg
jen hoch
jey pu'jIn Fahrplan
je' kaufen; verkaufen
jIH ich
jIn wünschen
joH Herr
joj zwischen
jorchan Landschaft
juH Wohnung
jul Sonne
jup Freund(in)

l

laD lesen
-laH können
lam schmutzig
lan legen; stellen
lang dünn
laSvargh Fabrik
latlh mehr

lav Pflanze
law' viel
legh sehen
len Pause
leng buq Koffer
leng chaw' Ausweis
leng DIlmeH Huch Fahrpreis
leng tum Reisebüro
leng Reise; reisen
lengmeH chaw' Fahrkarte
leS erholen, sich
leSpoH Ferien, Urlaub
let hart
letlh Treppe
lIH'egh vorstellen, sich
-lIj dein/e
-lIj Ihr/e
lIj vergessen
lIw Ersatzteil
loD Mann
loDHom Junge
loDnal Ehemann
loDnI' Bruder
lojmIt chaw' Schlüsselkarte
lojmIt Ausgang; Eingang; Tür
lop Feier; feiern
lopno' Fest
loQ bisschen
loS warten
lup Sekunde
lupwI' mIr qach Bahnhof
lupwI' mIr 'otHel' Bahnsteig
lupwI' mIr Eisenbahn
lupwI' mIr Zug
lupwI' Bus
luq einverstanden
lurDech Tradition
lurgh Richtung
lut Geschichte (Erzählung)

m

mach klein
magh Gras
maH wir
-maj / -ma' unser/e
malja' Geschäft (Tätigkeit)
malja' Handel
meb Gast
mebpa'mey Hotel
megh Mittagessen
-meH damit, um zu ...
meHghem Kunst
mej abfahren; abfliegen; abreisen
meQ brennen
mev anhalten; aufhören
me' Tante
mIllogh qon fotografieren
mIllogh qonwI' qoSta' Farbfilm (für Fotos)
mIllogh qonwI' Fotoapparat
mIllogh Bild; Fotografie
mIp reich
mIpHa' arm
mIw Programm
mIy flirten
mI' Nummer; tanzen
mI'meH tach Diskothek
mob ledig
moD beeilen, sich
moj werden
mon lächeln
motlh normal
-mo' wegen; weil
muchpa' Kino; Theater
muD Dotlh Wetter
muD Duj Flugzeug
mugh übersetzen (Sprache)
mughwI' Dolmetscher, Übersetzer
muj falsch
muSHa' lieben
mutlh bauen
mu' Wort
mu'ghom Wörterbuch
mu'tlhegh Satz (Grammatik)
mu'yuD Formular

n

nab organisiereN; Plan (Prozedur)
naDev hier
nagh Stein
naghmey beQ kunstgewerbl. Waren
naH Frucht; Gemüse; Obst
nav QIn Brief
nav vaH Briefumschlag
nav Blatt (Papier); Papier
na' salzig
na'ran rur süß
neH nur; wollen
nej suchen
nep lügen
neqratlh Brille
nID versuchen
nIH rechts
nIn ngevwI' Tankstelle
nIn Benzin
nIQ Sop frühstücken
nIQ Frühstück
-nIS müssen; sollen
nIteb allein
nItebHa' zusammen
nItlh Finger
nI' lang(e) (Zeit)
nob geben; Geschenk
noj verleihen (an), vermieten
nom schnell
nompuq Beweis
non faul (Obst)
not niemals
nov DorwI' Auskunft
nov Ausländer; ausländisch; fremd
noy berühmt
nugh Gesellschaft (Einwohner)
nuq was
nuqDaq wo; woher; wohin
nuvpu' Leute

ng

ngaj kurz (zeitlich)
ngaQHa'moHwI' Schlüssel
ngaSwI' Gefäß
ngat Gewürz
ngech Brust (weibl.); Tal
ngeD einfach
ngeH schicken, senden
ngem See
ngem Wald
ngevwI' Geschäft, Laden
ngIp leihen, sich (von); mieten
ngoch Politik
ngoDvammo' darum
ngo' alt (nicht neu)
ngugh dann
ngutlh Buchstabe
nguvlu' bunt

p

pab Grammatik
pagh / ghap oder
pagh nichts; niemand
paq Buch
paS spät; verspäten, sich
pav dringend
paw ankommen
pay' plötzlich
pa' reD Wand
-pa' bevor, vorher
pa' da, dort; dorthin; Raum; Zimmer
pemjep Mittag
pep heben
pIj oft
pIjHa' selten
pIn'a' Chef
pIv gesund
po Morgen, Vormittag
poH Zeit
pol sparen
pom Durchfall
pong Name; Vorname
poQ brauchen
por Blatt (vom Baum)
poS links
poSmoH öffnen
potlh wichtig
pub kochen (sieden)
puch nav Toilettenpapier

Wörterliste Klingonisch – Deutsch

puchpa' Badezimmer
puchpa' Toilette
puH Duj tI'wI' Autowerkstatt
puH Duj Auto
pup ausgezeichnet
puq chonnaQ Gabel
puq Kind
puqbe' Tochter
puqloD Sohn
puqnI' Enkel(in)
puS wenig
puv fliegen
pu'jIn Karte; Landkarte; Plan (Papier)

q

qab schlecht
qach Gebäude; Haus
qam Do Duj Fahrrad
qam Fuß
qan alt (nicht jung)
qaq besser
qar genau; richtig
qargh dick (wuchtig)
qaStaHvIS während
qatlh warum
qatlho' danke
qav'ap Gebühr
qaw erinnern, sich; merken, sich
qay' problematisch sein
-qa' noch einmal; wiederholen
qem bringen
qeng tragen
qeq üben
qeS Rat
qet laufen, rennen
qImroq bIr Winter
qImroq bIrHa' Herbst
qImroq tuj Sommer
qImroq tujHa' Frühling
qIgh Umleitung; Umweg
qIH bekanntmachen, sich
qIp schlagen
qI' unterschreiben
qol'om Gold
qorDu' pong Familienname
qorDu' Familie
qoS Geburtstag
qul Feuer
qul'a' Brand
qun Geschichte (Historie)
qung Loch
quppu' Eltern
quS Platz (Sitz)
qutlh billig

Q

QaD trocken
QaDmoHwI' DIr Handtuch
Qagh Fehler
QaH helfen (im Notfall); Hilfe
Qal baden; schwimmen
QalmeH Sut Badeanzug
QalmeH yopwaH Badehose
Qam stehen
Qapla' Erfolg
QaQ gut
Qatlh kompliziert, schwierig (nicht einfach)
Qel Arzt
Qe' Restaurant
QI Brücke
QIch Aussprache
QIj erklären
QIm Ei
QIn tum qach Post(amt)
QIn 'echletHom Postkarte
QIn Nachricht
QInHom Telegramm
QIp dumm
QIt langsam
Qob gefährlich
Qong schlafen
QongDaq buq'a' Schlafsack

QongDaq tlhIm Bettzeug
QongDaq Bett
QongmeH pa' Schlafzimmer
QoQ jengva' Schallplatte
QoQ Musik
Qorwagh Fenster
Qot liegen
Qoy hören
Qub denken
qub selten, rar sein
Quch freuen, sich; fröhlich, glücklich
Qugh Unfall
Quj spielen
Qun Gott
Qup jung
QuQ bIQ Duj Motorboot
QuQ Motor
Quv Adresse

r

rach behandeln (Krankh.)
-raj euer/e
ram Abend; Nacht
ratlh bleiben
ra'wI' lupwI' Taxi
reH immer
rep Stunde
retlh neben
rewbe' Bürger (Staats-), Einwohner
rIn fertig
rIQ verletzt
rIt einladen
rIvSo' Botschaft (dipl.)
ro Brust(korb)
roj Frieden
rop erkältet sein; krank; Krankheit
ropyaH qach Krankenhaus
ror dick (fett)
ruSvep Einladung
rut manchmal

S

Sam finden
SaQ weinen
Say' sauber
Say'eghmoH waschen, sich
Say'moH sauber machen; waschen
Say'moHwI' tlhagh Seife
SeD fahren (ein Fahrzeug lenken)
SeDwI' Chauffeur
Segh Volk
Sep Land
Sev Binde
Se' HablI' Radiogerät
SIbI' sofort
SID Patient
SIm rechnen
SIp Gas
SIq zeigen
SIrgh Faden
SIrlIy Silber
SISyoD Regenschirm
SoH du; Sie
Soj Getränk; Speise; Lebensmittel
Sop essen
Sor Hap Holz
Sor Baum
SoS Mutter
SoSnI' Großmutter
Sov kennen; wissen
Sub fest (hart)
Such besichtigen, besuchen
SuchwI' Besuch
Suj stören
Sum nah
SuS Wind
Sut Kleidung
SuwISya' ngan Schweizer(in)
SuwISya' Schweiz

t

tach Gaststätte, Kneipe
tagh anfangen
taH dauern
taj Messer
tam umtauschen
tamghay Licht

tar ghargh Giftschlange
tar Gift
taw lupwI' mIr Straßenbahn
taw Straße; Weg
tawHom Gasse
teH echt; wahr
tenwal Seite (Buch)
tep Gepäck
tera' Erde
tev Lohn, Gehalt; Preis (Gewinn)
tIch beleidigen
tIgh Brauch
tIn groß
tIng Süden
tIng 'ev Westen
tIq lang (Entfernung)
tIQ rückständig
tIr ngogh Brot
tIS leicht (Gewicht)
tIv vergnügen, sich
tI' reparieren
toba'qo Tabak
toj betrügen
tuch verbieten
tuchlu' verboten (sein)
tugh bald
tuj heiß; warm
tul hoffen
tum Behörde
tup Minute
tuQHa'moH ausziehen (Kleider)

tlh

tlhab frei
tlhap nehmen
tlhaQ lustig
tlhaq Uhr
tlhegh Seil
tlhIch pur rauchen
tlhIj entschuldigen, sich
tlhIm Decke (Bett); Laken
tlhIn privat
tlhob bitten
tlhogh Hochzeit
tlhol roh
tlhong feilschen
tlhop gegenüber; Marktplatz; Platz (Markt)
tlhoy (+ Adjektiv) zu (+ Adjektiv)
tlho' danken
tlhutlh trinken

v

-vaD für
val klug
-vam dies, diese(r,s)
van Hew Denkmal (Figur)
van qach Denkmal (Gebäude)
van beenden (nach Plan); grüßen; begrüßen
vanchuq grüßen, sich
vaq lachen (über etw.)
vaS breit
vav Vater
vavnI' Großvater
vay' etwas; jemand; man
veH Grenze
vem aufwachen
vemmoH wecken
veng Stadt
vengHom Dorf
veQ Müll
vergh Flughafen; Hafen; parken
-vetlh jener
vey Paket
veyHom Päckchen
-vo' aus; von
vum arbeiten
vumwI' Arbeiter(in)
vun bestellen
vut kochen (Essen bereiten)

w

wagh teuer
waH kosten (probieren)
wanI' Ereignis
waq Schuh
wa'Hu' gestern

wa'leS morgen
wa'logh einmal
wejHa' schon
wIb sauer
-wIj mein/e
wIjwI' Bauer
wornagh Bier
wov hell
wovmoHwI' Lampe
wuq entscheiden

y

yaH Büro
yaj verstehen
yap genug
yatlh schwanger
yoj'an Gesellschaft (Institut)
yIn leben; Leben
yIQ feucht, nass
yIr sammeln
yIt spazierengehen
yon zufrieden
yong einsteigen
yongHa' aussteigen
yotlh Feld; Park

'

'ach aber
'al'on Glas (Material)
'ambay Insel
'angweD Museum
'ar wieviel
'ay' Stück
'eb veb nächstes Mal
'echletHom Karte (Spielkarte)
-'egh selbst
'el eintreten
'elmeH chaw' Platzkarte, Eintrittskarte
'em hinten
'emDaq hinter
'eq früh
'eS niedrig
'et vorne
'ev Norden
'ey' schmackhaft
'e' dass
'IH schön
'InSong Blume
'IQ traurig
'Iq zuviel
'IrneH Onkel
'Iv wer
'oHmo' deshalb
'oj Durst (haben)
'ol kontrollieren
'op einige, ein paar
'oSteray' Österreich
'oSteray' ngan Österreicher(in)
'oy' Schmerz; schmerzen
'ugh schwer (Gewicht)
'ul 'aplo' Batterie
'uQ Abendessen
'ut notwendig

Das komplette Programm zum Reisen und Entdecken

Reise Know-How Verlag

- **Reiseführer** – praktische Reisetipps von kompetenten Landeskennern
- **CityTrip** – kompakte Informationen für Städtekurztrips
- **CityTrip**PLUS – umfangreiche Informationen für ausgedehnte Städtetouren
- **InselTrip** – kompakte Informationen für den Kurztrip auf beliebte Urlaubsinseln
- **Wohnmobil-Tourguides** – praktische Reisetipps für Wohnmobil-Reisende
- **Wanderführer** – exakte Tourenbeschreibungen mit Karten und Anforderungsprofilen
- **KulturSchock** – Orientierungshilfe im Reisealltag
- **Die Fremdenversteher** – kulturelle Unterschiede humorvoll auf den Punkt gebracht
- **Kauderwelsch-Sprachführer** – schnell und einfach die Landessprache lernen
- **Kauderwelsch plus** – Sprachführer mit umfangreichem Wörterbuch
- **world mapping project™** – aktuelle Landkarten, wasserfest und unzerreißbar
- **Reisetagebuch** – das Journal für Fernweh
- **Edition Reise Know-How** – Geschichten, Reportagen und Abenteuerberichte

Reisen? We know how!

Zu Hause und unterwegs – intuitiv und informativ

▶ www.reise-know-how.de

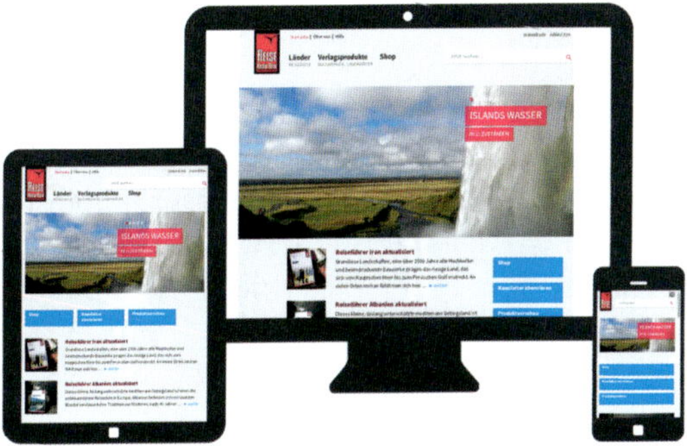

- **Immer und überall** bequem in unserem Shop einkaufen
- Mit **Smartphone, Tablet** und **Computer** die passenden Reisebücher und Landkarten finden
- **Downloads** von Büchern, Landkarten und Audioprodukten
- Alle **Verlagsprodukte** und **Erscheinungstermine** auf einen Klick
- **Online** vorab in den Büchern **blättern**
- Kostenlos **Informationen, Updates** und **Downloads** zu weltweiten Reisezielen abrufen
- **Newsletter** anschauen und abonnieren
- Ausführliche **Länderinformationen** zu fast allen Reisezielen

www.reise-know-how.de

Der Autor

Lieven L. Litaer (Jahrgang 1980) ist ein gebürtiger Belgier, der in Deutschland aufgewachsen ist und dort lebt. Schon als Kind hatte er eine Gabe für Sprachen und beherrschte bereits im Grundschulalter mehrere Fremdsprachen. Als er durch sein Interesse für Star Trek auf die Sprache der Klingonen traf, führte diese Kombination zu einer Kettenreaktion, die ihn schnell zu einem der führenden Experten der klingonischen Sprache machte.

Schon seit 2001 organisiert Litaer den im Buch als **qepHom** beschriebenen jährlich stattfindenden Sprachkurs, der immer größeren Zuspruch erfährt. Litaers Bekanntheit als Lehrer wurde durch seine Klingonischkurse in den sozialen Medien verstärkt und führte zu mehreren TV-Auftritten und internationalen Anfragen zu Übersetzungsprojekten. Im Jahre 2017 veröffentlichte er das weltweit erste Übungsbuch für Klingonisch, 2018 folgte die klingonische Übersetzung des Kinderbuchklassikers „der Kleine Prinz".

Im Alltag ist Litaer als freier Architekt tätig und lebt mit seiner Familie im Saarland.